Katharina Lindner

Kleiner Seelenschatz

Rezepte für Selbstvertrauen
und mehr Mut

Wenn es einen Glauben gibt,
der Berge versetzen kann,
so ist es der Glaube
an die eigene Kraft.

Marie von Ebner-Eschenbach

*Bibliografische Information der Deutschen National-
bibliothek:
Die Deutsche Nationalbibliothek verzeichnet diese
Publikation in der Deutschen Nationalbibliografie; de-
taillierte bibliografische Daten sind im Internet über
http://dnb.dnb.de abrufbar.*

*TWENTYSIX – Der Self-Publishing-Verlag
Eine Kooperation zwischen der Verlagsgruppe Ran-
dom House und BoD – Books on Demand*

© 2020 Katharina Lindner

*Herstellung und Verlag:
BoD – Books on Demand, Norderstedt*

*ISBN: 9783740771638
Korrektorat und Lektorat: Daniela Mattes
Coverbild: Katharina Lindner
Collagen im Buch: Katharina Lindner*

Liebe Leserin, lieber Leser,

es ist nicht einfach, in unserer schnelllebigen, überkomplexen und durchaus komplizierten Welt nahe bei sich selbst zu bleiben. Zwar wünscht sich jeder ein erfülltes, glückliches und erfolgreiches Leben, doch die Realität sieht oft nicht einmal halb so schön aus wie die Vorstellung. Die Wahrheit ist: Wir alle scheitern, machen Fehler, gehen Irrwege, enden in Sackgassen. Wir geben unser Bestes und manchmal ist das einfach nicht genug. Oft erreichen wir unsere Ziele nicht und werden dem Bild, das wir von uns selbst haben, nicht gerecht. Manchmal liegt das an äußeren Umständen oder anderen Menschen – manchmal ist es aber auch in uns selbst begründet. Wir sind eben keine Maschinen, die tadellos funktionieren, sondern Menschen mit Gedanken, Gefühlen, Träumen, Hoffnungen und Ängsten. Und die Herausforderungen des Lebens sind manchmal mehr, als wir zu bewältigen vermögen.

Das ist in Ordnung! Wir können trotzdem ein erfülltes, glückliches und erfolgreiches Leben führen, denn letzten Endes kommt es allein darauf ein, wie sich „erfüllend", „glücklich" und „erfolgreich" für uns definieren und wie wir zu uns selbst stehen. Ob wir uns gut behandeln. Ob wir mit unseren Werten und unseren Vorstellungen von der Welt im Einklang sind.

Natürlich kennen wir alle diese unangenehmen Momente voller Unsicherheit und Zweifel an unseren eigenen Fähigkeiten. Stellen uns hin und wieder – manchmal zu oft – die Frage, ob wir okay sind, so, wie wir sind, oder ob es etwas an unserem Äußeren, unserem Charakter, unseren Handlungen, Entscheidungen oder unseren Einstellungen zu verbessern gibt.

Vergiss diese Art von Selbstoptimierung! Sie kann niemals zum Ziel führen, weil das Ziel unerreichbar ist. Und sie ist auch nicht erstrebenswert, denn gerade mit unseren Kanten und Macken, ausgerechnet in unserer fehleranfälligen Einzigartigkeit sind wir *genau so*, wie das Leben sich uns gedacht hat. Wir sind okay. Wir müssen es nur endlich glauben und im Alltag danach handeln!

Mit diesem Büchlein möchte ich dir Gelegenheit geben, dir ein paar schöne Stunden mit dir selbst zu schenken, herauszufinden, wer du bist und dich mit einigen Gefühlen, unter denen du vielleicht zuweilen leidest, zu versöhnen.

Ich zeige dir, wie Selbstvertrauen entsteht, warum es manchmal fehlt und wie du es stärken kannst. Ich stelle dir kreative, lebendige und vielfältige Wege vor, um dich gut um dich selbst zu kümmern und damit der heutzutage so wichtigen

Selbstfürsorge nachzukommen. Ich bin die Stimme, die dir leise flüsternd versichern wird, dass du *wirklich* okay bist.

In vielen, darunter sehr guten Büchern rund um diese Fragen, findest du ausführliche und zahlreiche Informationen und Übungen, die dir die Sachverhalte erklären, mit dir diverse Schritte umsetzen und gute Erfolge dabei erzielen. Dieses Buch hat nicht den Anspruch, wissenschaftlich, sachlich oder vollständig zu sein: Es ist weder ein Informations- noch ein Ratgeber! Es soll eine warme Decke für dich sein, in die du dich einhüllen und unter der du dich beim Lesen geborgen fühlen kannst. Es soll all deine Sinne erfreuen, deinen Alltag mit kleinen, leicht umsetzbaren Ideen verbessern und dich zu dir selbst zurückführen.

Vertraue darauf, dass du den Weg kennst! Ich gehe ihn an deiner Seite, wenn du möchtest – doch Wegweiser brauchst du kaum, denn deine Intuition weiß genau, welche Richtung sie einschlagen soll. Du musst nur einen Moment still genug werden, um sie zu hören!

Vertraue den Antworten, die in dir selbst liegen und nur darauf warten, in dir aufzusteigen. Und kuschle dich in meine Worte, die sich wie ein mitfühlender und stärkender Begleiter auf diese spannende kleine Reise mit dir machen.

Im Grunde erzähle ich dir mit diesem Buch die Gedanken, die mir durch den Kopf gehen, als säßen wir einander gegenüber auf dem Sofa, vielleicht mit einem heißen, duftenden Tee, ungestört und mit viel Zeit zur Verfügung. Wir sprechen miteinander, erzählen, quatschen, reden und kommen von Hölzchen auf Stöckchen. Und nach unserem Gespräch fühlen wir uns verstanden, geborgen und energiegeladen! Ist es nicht wunderbar, auf eine solche Weise selbst Energie erzeugen zu können – oder zu wissen, woher man sie erhält, wenn sie gerade fehlt?

Ich lade dich dazu ein, die Räume deiner eigenen Gedanken zu entfalten und ihnen nachzuspüren. Suche nach guten Gedanken wie Hänsel nach den Kieselsteinen, um deinen Weg zurück nach Hause zu finden.

Viele Freude bei der Lektüre und mit den Collagen, die dein Auge erfreuen und für dein Herz eine tiefe Berührung sein mögen.

Was du im Buch findest:

Kleine Kreativ-Aufgabe:
Gestalte ein begleitendes Notizbuch................... 13

Selbstbewusstsein und Selbstwertgefühl:
Welches Bild hast du von dir? 16

Selbstvertrauen:
Was traust du dir selbst zu? 41

Selbstliebe:
Wie sehr liebst du dich? 51

Selbstfürsorge:
Passt du gut auf dich auf? 62

Kleine Kreativ-Aufgabe:
Sammle deine Talente im Ich-kann-Glas! 76

Kleine Kreativ-Aufgabe:
Sammle Erfolge im Schon-erreicht-Glas!............ 81

Gesund und lecker:
Rezept für Hildegard-Kraftkekse 84

Starke Begleiter:
Von Krafttieren und wie sie dir helfen 90

Ein Duft, der stark macht:
Rezept für festes Parfüm mit Wirkung............ 105

Wärmend, nährend, tröstend:
Mein Haferbrei-Geheimrezept.......................... 110

Nicht nur schön anzusehen:
Welche Blumen dir Kraft geben 116

Werte, Prinzipien und Überzeugungen:
Bleib authentisch!.. 120

Trau dich einfach mal!
Angst in Mut verwandeln 135

Nutze deine Energien!
Wut als Helfer und Ratgeber 151

Das viel grünere Gras fremder Leute:
Wie gesunder Neid dich ins Handeln bringt... 165

Scheitern und Versagen 181

Der Umgang mit eigenen Schwächen............... 201

Wenn der eigene innere Kritiker lärmt............. 214

Wenn du von Anderen kritisiert wirst 226

Nein heißt Nein!
Grenzen setzen und verteidigen 232

Booster für dein Selbstvertrauen:
Hilfreiche Übungen und Tipps........................ 246

Hinweis:

Wenn du Symptome einer psychischen Krankheit im klinischen Sinn zeigst, helfen meine Tipps dir nicht weiter, Im Gegenteil könnten sie deine Situation noch verschlimmern. Du brauchst in einem solchen Fall unbedingt einen professionellen Ansprechpartner in Form eines Therapeuten, Psychologen oder Arztes.

Bildverzeichnis:

Einzigartig
Draußen
Blick aus dem Fenster
Traumzeit
Ewiger Frühling
Kuscheliger Ort
Weise
Schatzsucher
Geborgen
Etwas wagen

Kleine Kreativ-Aufgabe:

Gestalte ein begleitendes Notizbuch

Es könnte gut sein, dass dich die Texte, Bilder und Übungen in diesem Buch animieren, deine eigenen Gedanken dazu festzuhalten. Vielleicht bekommst du beim Lesen und Betrachten Lust, eigene Ideen zu notieren oder deinen Gefühlen auf den Grund zu gehen. Ich kann dir nur von Herzen dazu raten, denn alles, was du schriftlich festhältst, verankert sich tiefer in deinen Gedanken und zudem kannst du jederzeit darauf zurückgreifen.

Wenn du dann mal wieder einen dieser schlechten Tage hast, dann brauchst du nur dein Notizbuch aufzuschlagen und ein bisschen darin zu lesen, und schon wirst du dich besser fühlen.

Aus diesem Grund ist natürlich die erste Aufgabe, die dieses Büchlein dir vorschlägt, die Anschaffung und Gestaltung eines hübschen Tagebuchs. Keine Sorge, du musst nun nicht täglich oder regelmäßig darin schreiben, du „musst" oder „sollst" überhaupt nichts, wie wir noch besprechen werden. Du solltest das Büchlein einfach parat haben, falls dich während oder nach der Lektüre die Lust überkommt, es zu nutzen.

Im besten Fall ist es persönlich und individuell gestaltet, weil es dann noch mehr Freude bereitet, darin und damit zu arbeiten.

Als Begleitbuch zum Schreiben eignet sich jede Art von Heft oder Buch, am besten nicht so groß und gut in der Hand liegend. Du kannst ein klassisches Schulheft nehmen oder dir ein schönes, hochwertiges Notizbuch besorgen. Entscheide intuitiv, wie dick es sein soll, ob es Linien, Punkte, Kästchen oder Blankoseiten braucht, (Letzteres ist nützlich, falls du auch darin malen, zeichnen und skizzieren möchtest, eine Lineatur erleichtert dir hingegen das Schreiben), und wie es letztlich aussehen soll. Vielleicht magst du dein Notizbuch in einen bunten Umschlag oder Geschenkpapier hüllen? Es bemalen, bekleben, mit Bildern oder Fotos schmücken, die dir am Herzen liegen? Hast du Lust, Zitate, die dich berührt haben, einzubringen? Schmuckelemente, Aufkleber, Verzierungen zu verewigen?

Gestalte dein Notizbuch nach Herzenslust und vergiss nicht, schließlich deinen eigenen Namen auf dem Cover anzubringen. Denn dieses Notizbuch ist DEIN Begleiter und das darf man auch von außen erkennen!

Mit dieser Aufgabe, ein Begleitbuch zu gestalten, hast du bereits das getan, worum es hier gehen soll: Selbstfürsorge geübt.

Einzigartig
Weißt du, dass es niemanden gibt, der so ist wie du?
(Collage)

Selbstbewusstsein und Selbstwertgefühl:

Welches Bild hast du von dir?

Im Lauf deines Lebens wirst du in viele Spiegel blicken. Dir wird gefallen, was du siehst – oder auch nicht. Du wirst Dinge an dir akzeptieren, verändern oder innerlich bekämpfen. Aber in jedem Fall ist das Abbild deiner selbst im Spiegel, die physische Präsenz deiner Existenz, ein vertrauter Anblick, der dich immer begleitet, bis du das Ende deiner Zeit auf der Erde erreicht hast.

Gemäß dem Bild, das dir jeden Tag im Spiegel entgegenblickt, gibt es auch noch ein Bild von dir, das viel mehr umfasst als deinen Leib. Es steckt tief in dir und begleitet dich ebenfalls jederzeit und überallhin. Es umfasst deine Gedanken, Gefühle, Werte, Prinzipien, deine Entscheidungen, Einstellungen und Annahmen über die Welt und über dich selbst. Es ist das Bild, das du dir von dir selbst machst, das Spiegelbild in deiner Seele.

Wir haben besonders aufmerksame Antennen für Negatives. In Wahrheit zeigt unser Selbstbild eine wunderschöne innere und äußere Landschaft, aber leider erkennen wir das nicht immer, denn es hat zwei große Haken: Unser Bild von uns selbst ist erstens fremdgeprägt, in mehr oder weniger hohem Maß durch die Meinungen anderer

Menschen eingefärbt, jedenfalls für unser Auge nicht neutral. Und zweitens ist es leider häufig negativ geprägt. Der zweite Haken ergibt sich meist zwangsläufig aus dem ersten. Warum ist das so?

Nun, unsere Welt ist auf Negativität ausgerichtet, was unseren Psychen nicht gerade dienlich ist. Hinsichtlich unserer evolutionären Entwicklung macht das Sinn, denn es war für unser Überleben unbedingt notwendig, ein feines Gespür für mögliche Bedrohungen zu besitzen. Der Säbelzahntiger, der im Gebüsch auf unsere Vorfahren lauerte, sollte schneller und klarer wahrgenommen werden als die leuchtenden Strahlen der untergehenden Sonne, die das Herz erfreuen. Ein toter, weil vom Tiger gefressener Mensch konnte sich auch nicht mehr über die Sonne freuen. Es ist also ein biologisches Erbe, gegen das wir nur bedingt etwas unternehmen können: Negatives im Fokus zu behalten, schützt uns vor Gefahren. Und wir spüren es auch in der modernen Welt ständig um uns herum: Wie oft erfahren wir Anerkennung, Lob oder Komplimente? Und wie häufig stattdessen Kritik? Oder sogar Missbilligung, Tadel, Ablehnung? Die Schönheit um uns herum wahrzunehmen dient nicht dem Überleben, jedenfalls nicht dem körperlichen. Dass auch die Psyche eine nicht unbedeutende Rolle für die Gesundheit spielt, weiß aber die Evolution nicht und deshalb fällt uns das Negative leider auch heute noch immer leichter in den Blick als das Positive.

Natürlich ist dieser ganze Prozess der Wahrnehmung und Deutung der Welt umfassender, vielschichtiger und komplizierter, als an dieser Stelle dargestellt werden kann, aber du wirst mir vielleicht aus eigener Erfahrung zustimmen, dass deine Erziehung und deine bisherigen Erfahrungen dich und deine Persönlichkeit geprägt haben, und dass es vor allem negative Erfahrungen waren und sind, die uns treffen. Uns von positiven Erfahrungen derart tief berühren zu lassen, müssen wir erst lernen, oft in einem jahrelangen und mühsamen Prozess. Wir müssen erst bewusst einüben, das Gute nicht mehr zu übersehen und genauso schwer zu gewichten wie das Schlechte. Nicht immer ist uns das wirklich bewusst! Und der Preis, den wir für unser evolutionäres Erbe und für unsere Erziehung zahlen, ist hoch:

Wir erhalten ein Bild von uns selbst, auf das wir selbst zu wenig Einfluss hatten und das negativer geprägt ist, als es uns gerecht wird. Wir nehmen unsere Fehler und Makel ins Zentrum unserer Betrachtung und verpassen es darüber, unsere wahre Größe zu bestaunen. Unser Bild von uns selbst ist getrübt oder verschleiert und uns – im schlimmsten Fall – ein völliges Rätsel, weil wir durch all die äußeren Einflüsse um uns herum manchmal vielleicht gar nicht mehr erkennen können, wer und was wir sind.

Wer und was bist du?

Wenn du dir einmal die Zeit nimmst, in dich zu gehen und darüber nachzudenken, wer und wie du bist, was für ein Bild steigt dann in dir auf? Wie lauten die Eigenschaften, mit denen du dich selbst beschreiben würdest? Sind sie positiv oder negativ oder etwas dazwischen? Und welches Gefühl überkommt dich bei dieser kleinen Denkübung? Ein warmes, zärtliches, friedliches? Oder Wut, Groll und Zorn, weil du vielleicht nicht so bist, wie du gern sein möchtest?

Das Bild, das dir erscheint, mag in irgendeine Richtung ausschlagen, aber sei dir gewiss: Es ist nur eins von vielen möglichen. Denn die Bewertungen und Maßstäbe, die die Menschen in deinem Umfeld dir angelegt haben und immer noch anlegen, sind keine unumstößlichen Fakten. Es sind Meinungen.

Um zu einem wirklich vollständigen Bild von dir selbst zu kommen, brauchst du mehr als fremde Meinungen. Du brauchst auch Stille und die Gelegenheit, deine eigene Stimme wieder wahrzunehmen. Die Stimme deiner eigenen

Seele, die oft nicht gehört wird und doch so viel Wertvolles zu sagen hat.

Wir sind, was unsere Umwelt aus uns macht

Kinder werden urteilsfrei geboren. Erst im Lauf ihrer Erziehung lernen sie, Dinge zu beurteilen und auch, dass sie selbst es sind, die beurteilt werden. Ein Baby käme nicht auf die Idee, zu überlegen, was die Mutter oder andere Menschen wohl von ihm halten, wenn es ein nicht erfülltes Bedürfnis lautstark hinausbrüllt. Ein Kleinkind, das den Eltern gefallen will, weil es von ihnen abhängig ist, hingegen schon. Es dauert nur wenige Jahre, bis dieses einst freie und völlig unbekümmerte Wesen zu jemandem geworden ist, der scheinbar pausenlos darüber nachgrübelt, was seine Umwelt wohl von ihm denkt. Und selbst machen wir es ja auch nicht anders: Auch wir urteilen stets und ständig, über Menschen, Dinge, Situationen. Wir können gar nicht anders. Es ist etwas, was unser Gehirn automatisch tut und das muss es auch, weil dieses Vorgehen einst unser Überleben sicherte. Um Teil einer Gruppe sein zu können, muss man sich anpassen und unsere Sozialisation lehrt uns, wie das geht. Wir erleben eine Situation, wir fällen ein Urteil darüber, wir handeln entsprechend. So läuft es eben und aus unserer menschlichen Haut können wir nicht. Und wir können auch nicht verhindern, dass uns am laufenden Band Urteile über uns selbst eingegeben werden, erbeten und unerbeten, ständig und jederzeit. Bis zu einem gewissen Grad ist Anpassung hilfreich und wünschenswert, denn wenn jeder täte, was ihm gerade in den Sinn kommt oder ausschließlich selbst nützt, hätten wir ein gesellschaftliches Chaos und kämen gar nicht mehr gemeinsam klar. Aber es kann eben auch zu viel des Guten werden: Wenn wir die Meinungen unserer Mitmenschen grundsätzlich höher gewichten als unsere eigene, verlieren wir das Vertrauen in uns selbst und unseren klaren Blick auf unsere Persönlichkeit.

Unsere Erziehung prägt uns in jeder Hinsicht. Unsere Erfahrungen vermitteln uns Meinungen, die wir für Tatsachen halten. Wenn wir klein sind, glauben wir, was wir hören und stellen es nicht infrage. Während wir größer (und scheinbar unabhängiger) werden, mögen uns Zweifel kommen und der Drang, eine eigene Ansicht zu entwickeln, aber später wird es sehr schwer, sich aus diesen psychischen Verstrickungen wieder zu lösen. Sie sitzen zu tief. Oft sind sie uns nicht einmal bewusst. Die Rückmeldungen zu uns selbst, die wir erhalten, erfolgen in der Regel ungebeten, und sie müssen nicht notwendig über faktische

Richtigkeit verfügen. Manchmal sind sie nicht einmal wohlwollend.

Niemand von uns ist davon frei: Lehrer, Eltern und andere erwachsene Menschen, die, wie wir als Kind glaubten, klüger und erfahrener waren als wir selbst, und deren Urteil wir nicht infrage stellten, erzählten oder zeigten uns, welche Meinung sie von uns hatten. Wir lernten schnell, dass Anpassung und Gehorsam gut funktionieren, um sich in einer unberechenbaren Welt zurechtzufinden und uns der Liebe und Anerkennung unserer Mitmenschen auch weiterhin versichern zu können. Wir erkannten, dass bestimmte Eigenschaften und Handlungsweisen wünschenswert und zielführend waren und andere weniger. In jeder Interaktion und Kommunikation empfingen wir neben sachlichen Informationen auch Urteile über uns selbst, die uns wie Fakten erschienen, unumstößlich und wie in Stein gemeißelt. Wir lernten, was wir sind und was nicht. Wir übernahmen fremde Urteile, ohne sie infrage zu stellen oder zu überprüfen. Um Teil unserer Gruppe zu bleiben – zunächst der Familie, später des Freundeskreises oder der Arbeitswelt – bemühten wir uns, dem Bild, das Andere von uns hatten, gerecht zu werden. Manchmal rebellierten wir vielleicht auch dagegen, aber dieser Widerstand führte zu inneren Konflikten, die uns zusätzlich quälten, und natürlich zu Stress im Außen, der uns viel Kraft abverlangte. Ob wir wollten oder nicht: Wir wurden zu einem Bild, das unsere Mitmenschen von uns zeichneten. Es konnte viele Striche von vielen verschiedenen Leuten beinhalten, kohärent oder widersprüchlich sein, sich sicher anfühlen oder brüchig.

Was wir aber niemals bekamen, war die Chance, uns selbst einmal völlig unvoreingenommen und unbeeinflusst von den Urteilen Anderer wahrzunehmen. Weil unsere Erfahrungen in uns stecken und unsere Wahrnehmungen einfärben ist es uns bis heute nur schwer möglich, uns im wahrsten Sinne des Wortes ein eigenes Bild von unserer Persönlichkeit und unserer Aufgabe in der Welt zu machen.

Allzu oft werden Menschen, ihre Eigenschaften, Fähigkeiten und Eigenheiten in Schubladen gesteckt und man ist selbst ja auch schnell mit einem Urteil an der Hand. Einem Urteil, das bewundernd, vernichtend oder tausend andere Dinge sein kann, niemals aber neutral ist. Aus vielen unbedeutenden Situationen kann sich so ein Bild herausformen, das uns scheinbar genau beschreibt und sich immer wieder bestätigt, in Wahrheit unserem Kern aber gar nicht gerecht wird.

Hast du manchmal das Gefühl, verkannt zu werden? Falsch gesehen, zu Unrecht beurteilt, missverstanden? Oder, schlimmer noch, hast du hin und wieder den Eindruck, dich selbst eigentlich gar nicht zu kennen und nur die Karikatur eines Bildes darzustellen, das dir eigentlich überhaupt nicht entspricht?

Wir können aber auch sein, was WIR zu sein glauben – Es ist *unsere* Entscheidung

Du kannst heute, was du als Kind oder Jugendlicher womöglich (noch) nicht konntest: Du hast heute die Freiheit, dir selbst auf den Grund zu gehen und mit Neugier und Freude zu entdecken, was dir dort begegnen mag.

Vielleicht hast du unzählige Bewertungen deiner selbst in den letzten Jahrzahnten gehört und sie haben dich tief geprägt. Aber jetzt, als erwachsener und durchaus urteilsfähiger Mensch darfst du dir die Möglichkeit herausnehmen, dir ein Bild von dir selbst zu zeichnen, das deinem echten Wesen näherkommt. Du darfst dem, was du innerlich denkst und fühlst, begegnen und dir daraus ein Bild erschaffen. Dieses Bild wird auch nicht in Gänze der Realität entsprechen, denn jeder von uns hat blinde Flecken und vermag nicht alle Dinge vollständig zu überblicken. Aber in jedem

Fall hast du das Recht, infrage zu stellen, was deine Mutter, dein Vater, deine Verwandten, dein Partner, deine Kinder, dein Chef, deine Nachbarn, deine Freunde oder sonst wer in dir sahen oder sehen! Du darfst deine Vorstellung von dir selbst um deine eigene, ganz persönliche Meinung erweitern! Auf diese Weise kannst du vollständiger und heiler werden.

Klingt einfach? Nein, das ist es nicht. Die Bewertungen, die du anhand der vielen Botschaften, die dir im Lauf deines bisherigen Daseins begegnet sind, über dich vernommen und verinnerlicht hast, wirken lang nach. Sie sind wie Trampelpfade im Gehirn, die bei jeder gedanklichen Aktion wieder genommen werden und sich auf diese Weise immer tiefer einschleifen. Bei jeder Erfahrung, die du machst und die dein bisheriges Bild von dir bestätigt, verankert sich diese Vorstellung ein bisschen fester in deiner Psyche und irgendwann ist es so verkantet, verdrahtet und verkrustet, dass du das Gefühl hast, es niemals loswerden zu können. Du kommst dir vielleicht sogar wie ein Idiot vor, wenn du es versuchst. Denkst: *Wer bin ich denn, dass ich mich für etwas Anderes halte, als alle Leute in meiner Umgebung?* Hier befindet sich eine fiese Falle, denn je mehr du versuchst, diesem eigentlich falschen Bild von dir zu entsprechen, umso mehr verbiegst du dich, umso stärker passt du dich an. Irgendwann weißt du dann selbst gar nicht, wer und wie du nun eigentlich bist, weil das angepasste Bild von dir das echte so weit überlagert, dass du nichts mehr erkennen und schon gar nicht unterscheiden kannst. Verwirrung ist die Folge. Du kannst dann nicht mehr wissen, was an diesem Bild von dir echt ist und was du vorspielst, um die Gunst bestimmter Menschen oder gewisse Vorteile nicht zu verlieren. Du wirst zu einer Farce und ahnst, dass du nicht mehr echt bist. Dieser Prozess, dich selbst nicht mehr authentisch zu fühlen, kostet dich zusätzlich Selbstvertrauen, weil er neben der anstrengenden Aktivität, deinem Umfeld und dir selbst etwas vorzumachen, auch Scham- und Schuldgefühle im Gepäck hat.

Wir alle müssen von Zeit zu Zeit Rollen spielen, die uns mehr oder weniger entsprechen, um ein Ziel zu erreichen oder eine bestimmte Situation zu meistern. Aber wir sollten dabei nicht vergessen, dass wir manchmal eben auch nur schauspielern, dass wir mehr sind, als „nur" unsere Rollen! Wir sollten ehrlich uns selbst gegenüber bleiben. Dazu gehört, sich auf die Suche nach dem echten, unverfälschten Ich zu begeben und es kennen- und lieben zu lernen.

Der erste Schritt ist, festzustellen, welches Bild du tatsächlich von dir hast und woher es stammt.

Notiere dir dafür in deinem Notizheft alle Eigenschaften, Schrullen und Eigenheiten, mit denen du dich selbst charakterisieren würdest. Auf welche Weise verhältst du dich in bestimmten Lagen oder bestimmten Menschen gegenüber? Wie löst du Probleme? Wie triffst du Entscheidungen? Auf welche Weise gehst du mit konfliktbehafteten Situationen um? Was unterscheidet dich von anderen Menschen? Wie trittst du auf, wie agierst du, wie kommunizierst du, wie denkst und fühlst du? Was fesselt und fasziniert dich? Was liebst du? Was ängstigt und verunsichert dich? Wer bist du in den Augen deiner Umwelt?

Sammle alles, was dir einfällt. Notiere unbedingt positive UND negative Eigenschaften zu gleichen Teilen, denn dein Bild von dir soll ja so vollständig wie möglich sein. Beziehe auch alles mit ein, was du als verletzend und beleidigend empfindest, lasse aber auch Komplimente und liebe Worte nicht außen vor. Du darfst deine Liste gern um die Menschen ergänzen, die dein Selbstbild in dieser Form geprägt haben. Wer hat dir wann und in welcher Situation diese eine bestimmte Zuschreibung verpasst? Waren es deine

Eltern? Ein Lehrer? Ein Vorgesetzter? Bedenke, dass diese Menschen es oft gar nicht böse gemeint haben, manchmal wussten sie es einfach nicht besser oder wollten dir sogar helfen, haben dafür aber einfach einen falschen Weg eingeschlagen. Und Menschen stecken immer in ihren eigenen Gedanken- und Lebenswelten fest! Es ist also auch gut möglich, dass einige dieser Zuschreibungen nur Ventile anderer Menschen waren, um ihren eigenen Frust zu ertragen, sich selbst besser zu fühlen, eigene Widrigkeiten hinnehmen zu können. Oder dir bewusst an den Kopf geknallt wurden, um dich zu verletzen. Diese Urteile sind falsch, aber nicht wertlos: Du kannst sie dafür nutzen, dein eigenes Bild von dir selbst vollständiger zu zeichnen, indem du erkennst, aus wessen Mund sie stammen und aus welchen Gründen sie dir zugeschrieben wurden.

Es könnte dich erstaunen, bekümmern oder sogar schockieren, zu entdecken, wie sehr du dich in deiner Bewertung deiner Person auf andere Menschen verlässt! Das ist in Ordnung. Lass diese Gefühle zu und dann weiterziehen. Du machst diese Übung ja, um dich selbst besser kennenzulernen, nicht, um Groll zu wecken. Bisher hast du vielleicht viele Urteile ungeprüft übernommen, ab jetzt machst du es eben anders. Verliere dein Ziel nicht aus den Augen. Ziele hadern nicht mit der

Vergangenheit – sie sind in der Gegenwart verankert und auf die Zukunft ausgerichtet und genau dorthin sollte auch deine Energie fließen.

Hast du wirklich hälftig gute wie schlechte Eigenschaften notiert? Wir neigen leider häufig dazu, uns selbst in einem schlechten Licht zu sehen und unser Licht unter den Scheffel zu stellen. Sich selbst zu lieben und das auch nach außen zu zeigen ist nicht up-to-date, auch, wenn das oft so propagiert wird. Selbstliebe wird gern mit Überheblichkeit und Arroganz gleichgesetzt und weckt sofort unangenehme Gefühle. Mach dir klar, dass es NICHT arrogant ist, dich selbst möglichst gut zu kennen, im Schlechten wie im Guten, sondern eine absolute Notwendigkeit, in unserer Welt zu überleben. Und bleib fair. Beurteile dich, wie du auch eine Freundin oder einen Freund bewerten würdest: mit Mitgefühl und Nachsicht. Niemand von uns, auch du nicht, hat nur oder überwiegend negative Aspekte an sich. Überarbeite gegebenenfalls deine Liste nochmal mit einem freundlichen Blick.

Du hast gesammelt. *Das alles bist du!* Oder auch nicht, denn das alles sind Dinge, die dir von etwas, das außerhalb deiner selbst liegt, zurückgemeldet wurden! Damit ist dieses Bild von dir nur EIN Teil von dir und nicht der wichtigste! Es kann nur vollständig sein, wenn du dein eigenes, unbeeinflusstes Urteil mit einbeziehst. Das erfordert ein bisschen Mut, sogar Unverfrorenheit, und die Erlaubnis, deine eigene Meinung für den Moment über die deiner Mitmenschen zu stellen. Das darfst du heute!

Nun prüfe im zweiten Schritt, welche Eigenschaften dir *deiner* Meinung nach *tatsächlich* entsprechen.

Gehe deine notierten Eigenschaften einzeln durch und höre bei jeder Eigenschaft in dich hinein: Bestätigt dein innerer Eindruck dieses Urteil über dich? Bist du WIRKLICH zum Beispiel schüchtern, ängstlich, aufbrausend, ungeduldig, zielstrebig, (…)? Oder sind das Zuschreibungen, die dir – versehentlich oder absichtlich – von außen übergestülpt wurden, vielleicht sogar unzählige Male, bis du sie selbst übernommen und als Teil deiner eigenen Gedanken betrachtet hast?

Diese Übung braucht eine ganze Weile, lass dir dafür Zeit. Befrage immer wieder dein Bauchgefühl, denn es wird dir klar signalisieren, welche Bewertungen fremd sind, von außen herangetragen wurden, vielleicht nur unter ganz bestimmten Umständen in bestimmten Situationen gültig sind. Vermerke, ob dir Muster auffallen, die sich immer wieder wiederholen. Überlege, wie du als

Kind warst, bevor deine Umwelt dich geformt hat. Denke ausführlich darüber nach, ob du dich mit einer Bewertung angesprochen fühlst oder ob etwas in dir sich vehement dagegen wehrt. Vertraue diesem inneren Widerstand, denn deine Seele kennt dich im Grunde gut. Du musst ihr nur einfach die Gelegenheit geben, gehört zu werden und dir selbst gestatten, laut und nachdrücklich zu widersprechen. Vielleicht bist du zum Beispiel von Natur aus ja überhaupt nicht schüchtern, aber immer mit Dominanz oder sogar Gewalt unterdrückt worden? Vielleicht bist du in deinem Herzen nicht aufbrausend, sondern bedienst dich nur eines Panzers zum Selbstschutz, den du heute eigentlich nicht mehr brauchst, weil du längst bessere Strategien kennst? Vielleicht bist du nicht ängstlich, sondern nur verunsichert von (zu) vielen schmerzhaften Schicksalsschlägen, die dich in deinem Leben niedergedrückt haben? Gehe alle Eigenschaften durch und nimm Kontakt zu deiner Intuition auf!

Denn nun darfst du alles, was deiner Meinung nach nicht auf dich zutrifft, streichen! Löschen, ausradieren, eliminieren! Sei dabei nicht kleinlich! Wenn du unsicher bist, greife auf Beispiele aus deiner Vergangenheit zurück: Wann hast du eine dir zugeschriebene Eigenschaft NICHT gezeigt und warum fühlt sich diese Situation viel echter an? Streiche die nicht zutreffenden Eigenschaften durch oder schränke sie zumindest ein. Vielleicht bist du ja nur in Kontakt mit gewissen Menschen ängstlich oder schüchtern? Oder wirst nur aufbrausend, wenn du dich gestresst oder unter Druck gesetzt fühlst? Du darfst und sollst auch positive Eigenschaften streichen! Zum einen sind Zuschreibungen dieser Art immer relativ, eine sogenannte „positive" Eigenschaft kann sich durchaus, wenn sie sich etwa zu stark ausprägt, ins Negative verkehren und umgekehrt ebenso. Zum anderen nützt es überhaupt nichts, wenn du zum Beispiel meinst, besonders „zielstrebig" zu sein, tief in deinem Inneren aber genau weißt, dass du das vielleicht gern sein würdest, in Wahrheit aber eher von der gemütlicheren Fraktion bist und dich lieber treiben lässt. *Du bist, was du bist!* Du sollst kein Idealbild von dir zeichnen, sondern ein ehrliches, authentisches. Dich selbst – auch im Positiven – zu belügen würde diese Übung zunichtemachen. Und es gibt Eigenschaften, die dich unter Druck setzen: Hältst du dich selbst für besonders fleißig, wirst du, um diesem Bild gerecht zu werden, immer wieder Pausen ausfallen lassen und die Hilferufe deines Körpers nach einer Erholungszeit missachten, was dich krank machen kann. Beschreibst du dich als „stark", wirst du dich oft überfordern, Schwäche nicht zulassen und notwendige Hilfe ablehnen.

Bleib also ehrlich dir selbst gegenüber, kreativ und offen, was die Vielseitigkeit deiner möglichen Eigenschaften angeht, und nachsichtig in deiner Bewertung. Nicht jede Eigenschaft ist immer und überall wünschenswert. Die Mitte zwischen Zuviel und Zuwenig ist ein nützlicher Maßstab. Auch deine Eigenschaften prägen sich gewiss in unterschiedlichen Stärken aus und es gut, diese nicht in die Richtung des ein oder anderen Pols zu stark ausschlagen zu lassen.

Nun hast du eine Liste mit „guten" und „schlechten" Eigenschaften, die dich auf die ein oder andere Weise ausmachen. Ich gratuliere dir von Herzen, denn damit bist du ein ganzes Stück weitergekommen! Viele Leute nehmen sich kaum je die Zeit, sich ausgiebig einmal mit sich selbst zu beschäftigen. Hin und wieder fehlt auch der Mut, sich selbst direkt ins Gesicht zu blicken. Du tust das jetzt und es wird dir ganz gewiss in der Zukunft weiterhelfen!

Ein schlechtes Gewissen, weil du Urteile bestimmter Menschen einfach wegstreichst, brauchst du übrigens nicht zu haben. Sie waren lang genug Begleiter deiner Reise und Taktgeber deiner Entscheidungen, nun ist es Zeit für frische mentale Reiserouten! Verabschiede dich innerlich von den Urteilen, die dir nicht (mehr) entsprechen und lege sie ohne Schuldgefühle ad acta.

Nimm in einem dritten Schritt alle Eigenschaften auf, die du in dir selbst erkennst, die aber in deiner Liste noch fehlen, weil sie dir niemals von irgendjemandem zuerkannt wurden.

Ich möchte dich dazu auffordern, diesen Schritt mit einer gewissen Dreistigkeit zu gehen, weil du sonst versucht sein könntest, zu bescheiden und verschämt zu urteilen, vielleicht sogar etwas, das dir auf den ersten Blick nicht geheuer erscheint, erschrocken wegzudrücken. Beides wäre schade, denn der Schleier vor der Wahrheit wird nicht verbergen, dass du großartig und einmalig bist und in einem hellen Licht leuchtest! Du kannst Vorhänge und Schleier vor der Wahrheit platzieren, wie du willst, deine wahre Persönlichkeit wird sich immer irgendwo einen Weg durch das Dickicht eines falschen Scheins schlagen. Dein eigenes, ganz persönliches Licht wird stets durch alle Ritzen und Löcher leuchten, wieviel Mühe du dir auch gibst, sie zu stopfen! Und du selbst wirst deutlich spüren, wenn du wieder einmal dabei bist, dich zu verstellen: Beurteilst du dich selbst negativer, als es der Realität entspricht, kostet dich das dein Selbstvertrauen und du bleibst unter deinen Möglichkeiten, was du vermutlich eines Tages bereuen wirst. Beurteilst du dich im positiven Sinn falsch, erkennt dein Unterbewusstsein dies auch und straft dich mit Unsicherheit in jeder Lage, in der du innerlich wahrnimmst, dass du (dir selbst oder Anderen) eine kleine Unwahrheit erzählst: Dein Umfeld kannst du täuschen, deine Seele aber niemals. Bleib also auch bei diesem Schritt ehrlich und beziehe dein Bauchgefühl mit ein.

Du brauchst keine Legitimation, niemanden, der dir die Erlaubnis erteilt, dir bestimmte Eigenschaften, die du zu haben meinst, zuzuschreiben. Diese Erlaubnis kannst du dir selbst geben, denn DU bist der Schöpfer deiner Gedanken- und Gefühlswelt! Und du solltest einen Teufel tun, diese Verantwortung an jemand Anderen abzugeben! Vielleicht fällt dir diese Listenergänzung leichter, wenn du konkrete Begründungen und Beispiele für deine Eigenschaften finden kannst. Wann und wo und unter welchen Umständen hast du die jeweilige Eigenschaft gezeigt? Gibt es „Beweise", die sie bestätigen?

Ergänze deine Liste in einem vierten Schritt um die Eigenschaften, die du gern hättest, aber (noch) nicht besitzt.

Hierbei geht es nicht darum, dich selbst zu optimieren oder zu einem Wesen zu werden, das perfekt ist und dir gar nicht entspricht, auch nicht entsprechen kann! Es geht vielmehr um ein spielerisches Wünschen und Ausprobieren.

Du wärst gern mutiger? Okay, dann nimm diese Wunscheigenschaft in deine Liste als Option auf und versuche demnächst einmal, sie in deinem Alltag häufiger einzusetzen! Du wärst gern gelassener? Prima, dann finde Möglichkeiten, um ab heute mehr Gelassenheit in dem, was du fühlst, denkst und tust, an den Tag zu legen.

Die Wahrheit ist: Du kannst all das sein und noch viel mehr, denn kein Charakter ist für die Ewigkeit festgeschrieben. Wie alle Dinge auf der Welt kannst (und musst) auch du dich wandeln! Es schadet sicher nicht, einen Weg vor Augen zu haben, in dessen Richtung dies geschehen soll.

Wenig hilfreich sind dabei natürlich Druck und Zwang. Vermeide, allzu verbissen mit deinen Wünschen an dich selbst umzugehen und sieh das Leben lieber als Experimentierfeld, in dem du Dinge testen, etablieren oder eben auch wieder verwerfen kannst! Nimm dich selbst als wandelbares Geschöpf wahr, das sich ausprobieren und verändern darf. Die Entscheidung dafür liegt zunächst bei dir und wird immer einfacher in der Umsetzung, je öfter du sie realisierst. Manchmal kann das Gefühl, eine weiße, unbeschriebene Leinwand zu sein, für Erleichterung und Entspannung sorgen. Vielleicht hast du heute eine bestimmte Eigenschaft oder Fähigkeit noch nicht, aber morgen wirst du sie ausprobieren und in ein paar Monaten ist sie dir in Fleisch und Blut übergegangen?

Möglicherweise gibt es Eigenschaften, die du gern hättest, aber niemals erlangen wirst, weil sie einfach nicht zu dir passen. Du wirst erkennen, welche das sind und an diesem Punkt hast du die Wahl, ihnen weiterhin vergeblich nachzujagen und einen Kampf auszufechten, den du nicht gewinnen kannst. Oder du entscheidest dich, diesen Umstand zu akzeptieren und verabschiedest dich von dieser einen Wunscheigenschaft. Es gibt noch tausend andere und viele von ihnen entsprechen dir vielleicht viel eher und sind daher einfacher umzusetzen. Konzentriere dich auf das, was möglich ist und befreie dich von der Vorstellung, du müsstest in einer ganz bestimmten Weise funktionieren. Vertraue einfach darauf, dass sich alles auf ganz natürliche Art zusammenfügt, wie es vom Leben gedacht ist. Du bist, wie du bist, weil es so sein soll. Denn ansonsten wärst du ja anders!

Wenn du weißt, *warum* du dich selbst manchmal zu Unrecht verurteilst, versetzt du dich selbst in die Lage, die fremden Urteile über dich infrage zu stellen. Wenn dir bewusst ist, woher und von wem manche Zuschreibungen, die sich nicht echt anfühlen, kommen, wird dir klar, dass du sie nicht für Jahr und Tag behalten musst wie ein hässliches Geschenk, das wegzuwerfen du nicht übers Herz bringst. Du DARFST diese Zuschreibungen als nicht (mehr) zutreffend klassifizieren und du DARFST dir neue gestalten!

Bei alldem bleibe neugierig und offen für den Wandel! Auch Irrwege sind, wie wir noch sehen werden, notwendig für eine Entwicklung. Sobald du dich frei gemacht hast von einem Bild von dir selbst, mit dem du dich nicht identifizieren kannst, und dir stattdessen ein Bild geschaffen hast, das dir tatsächlich nahekommt, wirst du auch schon Einiges von dem Zauber fühlen, den echtes Selbstvertrauen mit sich bringt.

Du erkennst dann, dass du beides bist: gut und schlecht, genau passend und völlig schief, alt und jung, hässlich und schön. Eine bunte Mixtur, vielschichtig und vielseitig, mit großem Potenzial beschenkt. Du bist nicht perfekt und das sollst du auch gar nicht sein. Was du sein sollst, ist authentisch! Das ist der einzige Anspruch, der dich im Leben weiterbringen wird. Stelle ihn an dich selbst, so oft du kannst!

Am Ende dieser zugegeben umfangreichen Übung hast du ein Bild von dir selbst, dass sich aus Annahmen deiner Umwelt UND deinen eigenen Überzeugungen zusammensetzt. Es ist vielleicht noch nicht hundertprozentig zutreffend, aber doch bestimmt passender als jenes, das du bisher ungeprüft und selbstverständlich für richtig gehalten hast.

Und es verfügt über die Wandelbarkeit eines Zauberers: Du kannst es jederzeit verändern, ergänzen oder anpassen. Nicht über Nacht und nicht mit einem Fingerschnipsen, doch generell gilt: Du bist heute, was du heute bist. Für morgen stehen dir weitere Möglichkeiten offen.

Draußen
In der Natur findest du zu dir selbst zurück.
(Collage)

Selbstvertrauen:

Was traust du dir selbst zu?

Die Frage des Selbstvertrauens ist eng an die Frage des eigenen Selbstbildes gekoppelt. Ganz klar: Wenn man ein negatives Bild von sich selbst hat, traut man sich auch wenig zu. Wenn man sich wenig zutraut, erfährt man nur wenige Erfolge, an denen man wachsen und sein Vertrauen stärken kann. Ein Teufelskreis setzt sich in Gang. Bei vielen von uns ist diese Spirale nach unten seit vielen Jahren und Jahrzehnten munter in Bewegung und sie bringt uns von uns selbst und von unseren Mitmenschen weit weg, weil uns Vertrauen fehlt, weil wir unser Potenzial nicht ausschöpfen, weil wir uns am Ende vielleicht nicht einmal mehr in Gänze zeigen mögen. Unsicherheiten, Hemmungen, Scham- und Schuldgefühle legen sich wie Schatten auf unser Denken, Fühlen und Handeln und irgendwann sind wir womöglich tatsächlich diese verbogenen, vermurksten Wesen, als die wir uns fühlen, und nicht mehr dazu in der Lage, unseren Platz in der Welt selbstbewusst einzunehmen.

Wenn du Gedanken wie diese kennst, dann lass mich dir versichern: Sie sind weder selten noch eine Katastrophe, auch, wenn sie sich zuweilen so anfühlen. Denn unsere Urteile entstammen Lernprozessen und alles, was man lernt, kann man neu lernen. Du kannst deine Zweifel und Unsicherheiten überschreiben wie ein nicht mehr funktionierendes Computerprogramm. Unser Gehirn verändert sich ständig und bis ins hohe Alter hinein: Bietest du ihm neue, andere Wege des Denkens an, werden sich diese bei zunehmender Übung einschleifen und fest verankern, irgendwann sogar zu Automatismen werden.

Das eigentliche Problem ist: Selbstvertrauen kannst du dir nicht von außen holen! Selbst, wenn du von nun an nur noch Komplimente und positive Rückmeldungen bekommen würdest – dein Selbstbild ist schon so tief in dir verankert, dass dich diese positive Kritik nicht wirklich im Kern berührt! Du wirst sie hören und milde oder bitter lächeln, denn du wirst sie nicht glauben. Du wirst sie nicht in dir fühlen, sie wird etwas sein, das dir falsch und erlogen erscheint. Das ist der Grund, warum äußerliche, oberflächliche, materielle, soziale und andere Erfolge die eigene Unsicherheit nicht zu bezwingen vermögen.

Eigentlich musst du das Pferd von der anderen Seite her aufzäumen: Dich selbst von deinem eigenen Wert und deiner Einmaligkeit überzeugen – und dann mit diesem positiven Selbstbild hinaus in die Welt gehen! Das Selbstwertgefühl und damit die Erfolge kommen dann von ganz allein. Und mit Rückschlägen und negativen Erfahrungen kannst du dann auch viel gelassener und souveräner umgehen.

Auch das – es ist kein Geheimnis – ist nicht leicht, aber es ist möglich! Manchmal braucht man für Veränderungen wie diese sogar nur vergleichsweise kleine Schritte, die man aber regelmäßig und in vielfacher Wiederholung gehen sollte.

Vielleicht bist du schon viele Jahre lang, sogar seit der Kindheit und Jugend gehemmter und unsicherer, als du dir wünschen würdest? Vielleicht hat dich auch eine ganz bestimmte traumatische Erfahrung (oder mehrere davon) aus der Bahn des inneren Gleichgewichts geworfen? Vielleicht bist du es leid, dich immer wieder verbiegen und anzupassen und dabei die frustrierende Erfahrung zu machen, weder die Erwartungen der Anderen zu erfüllen, noch dir selbst gerecht zu werden? Du kennst nun ein paar Gründe dafür und im Verlauf dieser Lektüre werde ich dir einige Ideen an die Hand geben, um deine Einstellung zu dir selbst zu überdenken und in praktischen, leicht umsetzbaren Aktivitäten Schritt für Schritt zu ändern.

Woran erkenne ich wenig Selbstvertrauen?

Eigentlich ist dieser Punkt beinahe überflüssig, denn du wirst nicht lange überlegen müssen, wenn ich dich dies frage: Du tust Dinge, hinter denen du nicht stehst oder die du nicht möchtest. Du lässt dich herumkommandieren oder schlecht behandeln. Du setzt zu wenig Grenzen und kannst nicht gut Nein sagen. Du weißt nicht genau, was du willst und wie du es bekommen könntest. Du kannst mit Fehlschlägen und Scheitern schlecht umgehen. Du machst dir negative Gedanken über dich selbst, empfindest Groll, Wut und Ärger oder Scham und Schuld, verwirklichst deine Träume nicht, kennst sie vielleicht nicht einmal. Du machst den Mund in Situationen nicht auf, in denen es angebracht wäre, dich zu verteidigen und kontra zu geben. Du bemühst dich um Frieden und Harmonie um jeden Preis und verpasst es darüber, deine eigenen Bedürfnisse wahrzunehmen, geschweige denn zu erfüllen. Du traust dich nicht, deine Meinung zu äußern, du hältst Gegenwind schlecht aus. Du verbiegst und verdrehst dich, entsprichst damit aber auch nicht dem Bild, das Andere sich von dir wünschen und deinem eigenen schon gar nicht. Und alle Komplimente der Welt führen nicht dazu, dass du dich schön, gut, wertvoll und nützlich fühlst.

Es gibt unzählige Auswirkungen, die fehlendes Selbstvertrauen haben kann, und sie alle erschweren dir das Leben und den Alltag. Es stehen aber auch viele Möglichkeiten zur Verfügung, das eigene Selbstvertrauen zu steigern. Hab dabei Geduld und verlange nicht zu viel von dir.

Das Wichtigste ist, dein Selbstbild zu verändern. Das hast du bereits getan, wenn du die vorhergehende Übung umgesetzt hast, die zu machen sich übrigens immer mal wieder lohnt. Es geht dabei nicht darum, „perfekt" zu werden oder sich noch idealer anzupassen. Das Ziel ist, dass du dich selbst besser kennenlernst, im Guten wie im Schlechten – und dass du Milde, Nachsicht und Liebe in der Betrachtung deiner selbst walten lässt.

Du bist im Lauf deines Lebens verletzt worden. Vielleicht sogar auf eine richtig schlimme Art, für die es kaum Worte gibt. Bei allem Schönen, Edlen und Guten, was das Leben uns schenkt, sind es doch oft die schweren Erfahrungen, die uns massiv prägen und unser Selbstbild erschüttern. Und sie sorgen nicht selten dafür, dass wir immer stiller und kleiner werden, manchmal so leise und winzig, dass wir zu verschwinden scheinen. Wieder und wieder machen wir die Erfahrung, ein Ziel nicht zu erreichen, einen Weg nicht zu finden, auf vielfache Art erneut verletzt zu werden und diese Verletzungen hinzunehmen, weil wir keine andere Wahl zu haben scheinen. Aber dies alles ist kein Schicksal, dem wir unentrinnbar ausgeliefert sind. Wir haben immer und unter allen Umständen die Möglichkeit, uns unsere eigene Würde zu bewahren, indem wir uns klarmachen, was und wer wir sind: Geschöpfe, gleichermaßen zusammengesetzt aus Wundern und Fehlern, unerklärbare Wesen, die über sich selbst hinauswachsen, aber auch in die tiefsten Untiefen der Hölle hinabsteigen können. Wesen, die sich ein Bild von sich selbst machen können. Und damit fangen wir an, um unser Vertrauen in uns selbst zu stärken.

Der Weg ist das Ziel

Mit jedem Moment, in dem du innehältst und dich fragst: *Entspricht das, was ich jetzt sagen oder tun (oder auch nur denken) werde, dem Bild, das ich von mir selbst habe? Entspricht es dem Menschen, der ich sein will? Ist es mit meinen Werten und Prinzipien im Einklang?* Mit jedem dieser Momente, in denen du dich dann bewusst für ein ehrliches Selbstbild entscheidest, wirst du ein Stück weit mehr in deinem eigentlichen Ich ankommen. Du wirst dir damit nicht immer Freunde machen. Leider fürchten viele Menschen all jene, die ihre eigenen Ängste überwinden und ihre Selbstsicherheit stärken, weil SIE es in dem Augenblick vielleicht noch nicht so gut können. Mag auch sein, dass der Ein oder Andere nicht erfreut darüber ist, bestimmte Vorteile dadurch zu verlieren, weil du dich unabhängiger und stärker machst. Lass dich davon nicht beirren. Dieser Weg durch dein Leben ist DEIN Weg und auf den musst du dich konzentrieren! Die anderen Menschen müssen ihre Äcker selbst bearbeiten! Das heißt natürlich nicht, dass du egoistisch und rücksichtslos deinen Stiefel durchziehst und überhaupt nicht mehr nach links und rechts blickst. Eine Gesellschaft funktioniert freilich nur, wenn die in ihr lebenden Individuen sich an die gemeinsam erstellten Regeln und Normen halten. Es heißt aber, dass du DEIN Licht nicht mehr unter den Scheffel stellst, sondern dich darin übst, dich wahrhaftig und echt zu zeigen. Es heißt, dass du deine eigenen Rechte und Bedürfnisse denen deiner Mitmenschen gleichwertig gegenüberstellst und bei der Entscheidung, welche davon in einer bestimmten Situation schwerer wiegen, einen klugen, besonnenen und fairen Maßstab anlegst. Es heißt, nicht nur zu geben, sondern selbst auch zu fordern. Es heißt, dich nicht mehr zu verstecken und allen alles recht machen zu wollen, sondern auch mal mit der Faust auf den Tisch zu hauen, wenn es notwendig ist, und den Platz, der dir zusteht, mutig zu erobern und zu sichern. Es heißt, dich auch mal unbeliebt zu machen und Risiken einzugehen, wenn diese es wert sind. Und es heißt, zu wissen, wer du bist, was du kannst und welchen Wert du hast.

Die folgenden Übungen sollen dir dabei behilflich sein. Dir werden mit Sicherheit aber selbst auch ganz viele eigene Ideen einfallen, um dich selbst zu stärken, wenn du deiner Intuition vertraust und die – nicht angebrachten – Schamgefühle, die dabei aufkommen könnten, einmal beiseiteschiebst.

Denk daran: In letzter Konsequenz denkt auch in einer fortschrittlichen Solidargemeinschaft jeder am Ende an sich selbst, wenn es hart auf hart kommt. Es wird ungern offen darüber gesprochen und noch seltener zugegeben: Aber jeder ist sich selbst der Nächste – und die Überangepassten, die ihre eigenen Rechte freiwillig aufgeben, gehen in einer prekären Lage unter! Die ständig steigenden Zahlen der Burnoutkranken und Depressiven können davon redliches Zeugnis abliefern – den Letzten beißen die Hunde! Deshalb sei dir bewusst darüber, dass niemand dir hilft, wenn du es nicht selbst tust! Es ist deine Aufgabe und deine Verantwortung, dich gut um dich zu kümmern, auf dich aufzupassen und in jeder Hinsicht für dich zu sorgen! Erst, wenn du DAS getan hast, bist du überhaupt dazu in der Lage, dich um Andere zu kümmern.

Das Gefühl, dass man sich selbst nicht zu wichtig nehmen darf, ist daher fehl am Platz – es ist im Gegenteil die Voraussetzung, um überhaupt an dem Spiel, das man *Leben* nennt, teilzunehmen.

Du darfst deinen Nächsten lieben – selbstverständlich und sehr gern, denn dann bist du ein Geschenk für die Welt, eine Schicksalsgabe, die sie ein bisschen besser und schöner macht! Solche Menschen braucht es mehr denn je und sie werden für unsere skurrile, leidlich zerstörte Welt eines schönen Tages die Rettung sein! Du darfst hilfsbereit, mitfühlend, nachsichtig und rücksichtsvoll sein und auch Opfer bringen oder dich verausgaben. Aber du darfst (und musst!) auch deine eigenen Bedürfnisse im Blick behalten und wenn nötig, für ihre Erfüllung sorgen, auch gegen Widerstände und Ablehnung! Du darfst lieben, was und wen du willst – aber vergiss darüber nicht, dich auch selbst zu lieben.

Blick aus dem Fenster
Überwinde Hindernisse, um das Schöne zu sehen.
(Collage)

Selbstliebe:

Wie sehr liebst du dich?

Eine heikle Frage, die ein peinliches Gefühl auslöst, oder? Kein Wunder! In unserer Gesellschaft, so wird uns oft vermittelt, ist es nicht angebracht, sich selbst allzu sehr zu lieben oder mit dieser Selbstliebe aktiv hausieren zu gehen! Uns wird schon früh vermittelt, dass Selbstliebe das Gleiche ist wie Arroganz, Überlegenheitsstreben, Überheblichkeit. Lass es mich in aller Deutlichkeit formulieren: Das ist eine Lüge!

Sich selbst zu lieben bedeutet eben nicht, sich besser, klüger, stärker oder überlegener als andere Menschen zu fühlen! Gedanken wie diese würden vielmehr das Gegenteil offenbaren: Jemand, der es nötig hat, sich über Andere zu erheben, hat vermutlich so wenig Selbstvertrauen, dass er das Licht und den Glanz seiner Mitmenschen nicht ertragen kann, ohne sich dabei selbst minderwertig zu fühlen. Jemand, der den arroganten Macker oder die überhebliche Ziege heraushängen lässt, jammert und nörgelt, tratscht und lästert – so jemand verfügt offenbar eher über zu wenig Selbstbliebe als zu viel!

Aber was ist das überhaupt, Selbstliebe? Wo stehst du mit deiner Liebeserklärung an dich selbst? Und wie kannst du es schaffen, mehr Selbstliebe zu entwickeln, wo das doch eins von diesen Dingen ist, die man „einfach nicht macht"?

Man darf sich selbst nicht lieben! Wie peinlich ist das denn?

Leider wecken Bemühungen, sich selbst freundlicher zu behandeln, häufig Scham- und Schuldgefühle, die diesen Prozess stark erschweren. Das ist so, weil unsere Prägung uns mal wieder ein Schnippchen schlägt: Wir bewerten etwas Neutrales oder sogar Positives eher negativ, weil es uns einst so gelehrt wurde und wir vielfache Übung darin haben, die Dinge auf diese Art zu sehen. Ein blöder Fakt, der sich leider nicht umgehen lässt, denn es gibt es nur den Weg mitten durch diese Gefühle hindurch! Du wirst sie aushalten müssen, wenn du üben willst, dich selbst zu lieben. Sie werden kleiner und kleiner werden und irgendwann wirst du über sie lächeln, aber bis dahin werden sie ein ständiger, unangenehmer Begleiter sein. Wappne dich gegen Frau Peinlich und Herrn Schäm-dich und söhne dich mit ihnen aus! Akzeptiere, dass sie Mitwirkende deines Entwicklungsprozesses sind, die sich irgendwann von selbst verabschieden, weil sie erkennen, dass sie überflüssig geworden sind und dass es Zeit für sie ist, sich davonzumachen.

Einfach nur: Liebe dich selbst

Liebst du einen Menschen innig und uneingeschränkt? Deinen Partner, deine Partnerin? Eine/n Verwandte/n? Eine/n Freund/in? Ein Tier? Eine Tätigkeit? Und wie äußert sich diese Liebe in der Praxis? Vermutlich verbindest du mit dieser Person oder Tätigkeit positive Gefühle, die dich bestärken und erfreuen, wenn sie dir in den Sinn kommen. Wenn dein geliebter Mensch Hilfe braucht, gibst du sie ihm. Wenn er ein offenes Ohr benötigt, hörst du zu. Du kümmerst dich um sie oder ihn, du verbringst gern und freiwillig Zeit mit ihr oder ihm, du teilst deine Zuneigung in Worten, Gesten und Taten mit. Manchmal verzeihst und vergibst du auch oder kämpfst dich erfolgreich durch einen Konflikt, weil dies gerade notwendig ist, um die Bindung zu deiner geliebten Person aufrechtzuerhalten oder zu vertiefen. Und an schlechten Tagen voller Zweifel und Misserfolge stehst du hinter diesem Menschen und hilfst ihm dabei, darauf zu vertrauen, dass er trotz allem in Ordnung und dass er nicht allein ist. Es kann vorkommen, dass dein Herzensmensch dich nervt oder ärgert, aber trotzdem würdest du nicht ständig den Fokus auf seine Mängel und Fehler legen und sie ihm unter die Nase reiben, oder? Du betrachtest ihn durch milde, liebevolle Augen und wenn dein Herzensmensch strauchelt und fällt, dann bist du an seiner Seite und reichst ihr oder ihm die Hand, um aufzuhelfen.

Und wie ist das nun mit dir selbst? Wie oft sagst und zeigst du dir auf glaubhafte Weise (!), dass du dir wichtig bist, dass du dankbar und froh über deinen Körper, deinen Geist und deine Seele bist? Gehst du genauso liebevoll und sorgfältig mit dir selbst um wie mit deinem Herzensmenschen? Bist du dir selbst ein Herzensmensch?

Ich fürchte, die meisten von uns müssen auf diese Frage hin ertappt den Blick senken und nachdenklich den Kopf schütteln. Man vergisst es im Eifer des Gefechts, unter den Lasten eines herausfordernden Alltags, angesichts einer überkomplexen Welt, in der wir sowieso schon so viel auf dem Schirm haben müssen. Man vergisst es wieder und wieder, gut für sich zu sorgen, gut über sich zu denken, gut auf sich aufzupassen. Unser Unterbewusstsein vergisst aber gar nichts: Jedes Mal, wenn wir uns schlecht behandeln oder schlecht von uns denken, uns selbst keine Liebe in Wort und Tat gewähren, registriert unsere Seele: „Ach, ich hab das eben einfach nicht verdient!" Diese vielen, womöglich kleinen Momente sammeln sich zu einem großen Zweifel, der irgendwann wie ein unüberwindbarer Berg vor uns aufragt. Bestätigende Erfahrungen von Ablehnung und Kritik, die von außen dazukommen, sorgen zusätzlich für Komplexe, und ehe wir uns versehen, ist unser Bild von uns selbst ein rabenschwarzes ohne jede bunte Kontur. Nicht hübsch anzuschauen!

Und manchmal „vergisst" man es auch nicht, (es passiert also nicht mal immer versehentlich), sondern wir entscheiden uns zuweilen ganz offen dafür, die Bedürfnisse anderer Menschen über unsere eigenen zu stellen! Vielleicht, weil wir den Eindruck haben, nicht anders zu können oder weil wir einer bestimmten Vorstellung von unserem braven Selbst entsprechen wollen. Diese Aktionen sind noch schädlicher für das Gefühl, etwas wert zu sein, als unsere Bedürfnisse zu vergessen: Genauso gut könnten wir uns mitten ins Gesicht schlagen und uns anbrüllen: „Du bist ein wertloses Nichts, das keine Ansprüche zu stellen hat." Die Wirkung wäre dieselbe.

Das alles sind Erlebnisse, die im Alltag nicht ins Gewicht zu fallen scheinen, aber in der Summe bauschen sie sich zu einem Mantel auf, der unsere Schultern niederdrückt und uns in die Knie zwingt. Ein Mantel, unter dessen Gewicht wir irgendwann kapitulieren. Wenn wir an einen Punkt kommen, wo wir Dinge nur noch tun, um anderen zu gefallen, haben wir den Zenit überschritten und jede Form von Selbstliebe ist zu einem Witz ohne Pointe geworden. Dann werden sogar Anerkennung, Lob und Bestätigung zu einem Akt, der uns scheinbar verhöhnt, weil er nicht mehr unser Inneres erreicht. Und dann wird es ziemlich schwer, vor allem ohne Hilfe, wieder zurück zu einem Zustand zu gelangen, in dem wir uns selbst respektieren und schätzen.

Selbstliebe ist nicht das Ziel unseres Daseins. Sie ist die Voraussetzung! Wir alle haben den Wunsch, ein sinnvolles und erfülltes Leben zu führen – wie immer sich das im Einzelfall definieren mag – aber das können wir nicht, wenn wir uns selbst als Feind bekämpfen.

Wenn wir unzufrieden mit bestimmten Dingen an uns selbst sind, steht es uns frei, diese Dinge anzupassen und zu ändern. Aber wir sollten uns keinesfalls dafür geißeln und beschimpfen, sondern uns gegenüber denselben Respekt an den Tag legen, den wir anderen Menschen auch gewähren. Und schon gar nicht dürfen wir uns in Bausch und Bogen verdammen, nur, weil wir von Zeit zu Zeit erkennen, dass wir Wesen sind, die Fehler machen und eben nicht immer einwandfrei funktionieren.

Hand aufs Herz – Verweigerst du dir Selbstliebe? Selten? Manchmal? Ständig? Schenke sie dir in kleinen Schritten! Achte auf deine Bedürfnisse und nimm sie wahr. Verteidige deine Rechte, auch, wenn es unbequem wird. Gestehe dir jede Art von Gefühlen zu, verstecke und verdränge sie nicht, und wirf dich auch nicht mit Haut und Haaren hinein, sondern akzeptiere, dass sie da sind und durchlebe sie, ohne zu dramatisieren oder zu verharmlosen. Schenke dir Pausen, wenn du erschöpft bist. Gestalte dein Leben im Wechsel mit Leistungs- und Ruhephasen. Gönn dir eine Zeit der Genesung, wenn du krank bist. Finde heraus, was deine Themen und Interessen sind und verschaffe dir Zeit, um dich mit diesen zu befassen. Gestalte dein Umfeld heimelig, gemütlich, geborgen. Pflege Beziehungen auf Augenhöhe. Lass dich nicht ausnutzen und verarschen. Äußere deine Meinung laut und klar. Ändere sie, wenn Argumente dich überzeugen. Behalte sie bei, wenn das nicht der Fall ist. Versuche, so gut es geht, ehrlich mit dir selbst zu sein: Auf eine milde, nicht gnadenlose Art. Erkenne deine Grenzen und kommuniziere sie nach außen. Verteidige sie, wenn sie ignoriert oder niedergewalzt werden.

All diese Dinge werden, sobald du sie mehr und mehr umsetzt, einen Wandel in dir auslösen: Sie verändern dein Bild, das du von dir selbst hast und stärken dein Vertrauen in dich. Immer, wenn du eins dieser Dinge tust, zeigst du dir damit selbst: *Ich habe einen Wert und ich kenne diesen meinen Wert. Er ist mir wichtig, ich halte ihn hoch! Ich setze ihn und meine damit verbundenen Rechte notfalls durch, falls jemand auf die Idee kommt, diese infrage zu stellen oder mir aberkennen zu wollen!*

Auf diese Weise werden sich deine Komplexe, die dich vielleicht lange gequält haben, mehr und mehr in Luft auflösen. Niemals endgültig – eine gesunde Anzahl an Zweifeln wird es immer geben und sie machen auch Sinn, weil sie uns auf dem Boden halten, vor Fehlern (und Größenwahn oder Leichtsinn) bewahren und unsere Urteilsfähigkeit schulen – aber freue dich auf eine Zukunft, in der diese Zweifel händel- und damit bezwingbar werden. Du allein hast es in der Hand! Diesen Weg kann niemand mit dir gehen und abnehmen kann ihn dir auch keiner. Du musst aktive Selbstliebe üben, bis du echte Selbstliebe empfindest.

Allerdings muss dieser Weg auch nicht verkrampft und verbissen bezwungen werden: Gestalte ihn vielleicht in Form einer Challenge, eines kleinen Wettbewerbs, in dem du dich an dir selbst misst: Heute probierst du mal, deine Meinung zu formulieren, morgen wirst du laut, übermorgen ziehst du in einen vielleicht notwendigen, längst überfälligen Kampf, der dich und deine

Forderungen deutlich sichtbar werden lässt. Meistens sind es kleine und überschaubare Schritte, die, vielfach gegangen, in ihrer Fülle unsere Einstellung verändern. Wir können vom Denken und Fühlen ins Handeln kommen – aber umgekehrt funktioniert es genauso gut: Das richtige (= für uns passende, uns nützende) Fühlen und Denken kann durch richtiges Handeln entstehen. Und ein liebevolles, sanftes, aufbauendes Selbstgespräch darf sich gern in deinem Alltag etablieren! Sprich so mit dir, wie du mit deinen Herzensmenschen sprichst und lass dir diesen Umgang in Fleisch und Blut übergehen.

Werde dir klar darüber, wer du bist, was du kannst, was du willst, was du nicht willst. Lerne dich selbst gut kennen, mit all deinen Stärken und Schwächen, die sowieso nur Zuschreibungen sind. Erkenne an, was und wie du bist. Nimm dich selbst in den Arm und stehe hinter dir.

Wenn du diese Art von Selbstwertgefühl im Alltag pflegst und Selbstwirksamkeit erlebst, werden die Dinge für dich leichter werden. Menschen, die in Frieden mit sich selbst leben, sind besser gewappnet für die Herausforderungen, die das Leben uns stellt und für die Ungerechtigkeiten, mit denen es uns nicht selten quält. Sei dir klar darüber, wer du bist – dann kannst du auch im Alltag sein, wer du bist und musst dich nicht über Gebühr verbiegen oder anpassen, um Anerkennung und Bestätigung zu bekommen. Dann kannst du dir die nämlich selbst geben.

Als abhängiges und hilfloses Kind vermochtest du das nicht, aber jetzt bist du erwachsen und verfügst über alles, was du brauchst, um ein Leben zu führen, das dir entspricht und dich erfüllt. Dafür ist es hilfreich, Freundschaft mit sich selbst zu schließen, sich selbst ein loyaler, liebevoller und zuverlässiger Partner zu sein.

Egal, wie alt du bist: Du kannst ab sofort neue Wege gehen, neue Gedanken denken, neue Ideen ausprobieren. Schau nicht zurück und hadere nicht mit dem, was vorbei ist. Blicke in der jetzigen Situation auf dich selbst und erkenne an, welche Möglichkeiten dir zur Verfügung stehen. Setze sie mutig um. Du kannst nichts verlieren, sondern nur gewinnen!

Traumzeit
Schöne Momente stärken dich.
(Collage)

Selbstfürsorge:

Passt du gut auf dich auf?

Stell dir vor, du hattest einen harten Tag. Der Berg an Arbeit auf deinem Schreibtisch wollte nicht weniger werden, ständig zerrte jemand an dir, irgendwer hat dich mies behandelt oder es hat dich ein vermeintlich schwer lösbares Problem überfallen. Wenn du dann nach Hause kommst, wirfst du dich in bequeme Klamotten und statt dich um noch mehr Pflichten zu kümmern oder in Grübeleien zu verlieren, kochst du dir etwas Schönes. Du stellst dich unter die heiße Dusche oder legst dich in die Badewanne – ganz klassisch kitschig, mit Kerzen, Gesichtsmaske und sanfter Musik – oder du widmest deine Zeit einer Tätigkeit, die dich erdet, ablenkt und dir wirklich Freude bereitet. Du schenkst dir Ruhe, eine Pause vom Irrenhaus, ein Verschnaufen neben dem Hamsterrad, eine Alternative zu deinem übervollen Lebensstil, bei dem du zu kurz kämst, wenn DU nicht sorgfältig acht darauf gäbst.

Stell dir vor, jemand demütigt oder beleidigt dich, behandelt dich ungerecht, lässt dich auflaufen, verrät dich, unterstellt dir etwas oder ist ganz einfach nur unhöflich. Du fühlst dich zwar so geschockt, als hätte man dir ins Gesicht gehauen, doch du straffst die Schultern, hebst den Kopf und lässt mit Verve und Mut deine Stimme ertönen. Du stellst Dinge richtig. Du erhebst Ansprüche. Du verlangst Erklärungen, Entschuldigungen und Aussprachen. Anstatt dich gebückt davonzustehlen und den Fehler bei dir zu suchen, stehst du für dich, deine Bedürfnisse und deine Grenzen ein und signalisierst sie klar nach außen. Sorgst für ihre Einhaltung. Stärkst dir selbst den Rücken, auch, wenn das nicht immer souverän und gelassen gelingt und obwohl du eigentlich am liebsten die Flucht ergreifen würdest. Du bleibst bei dir selbst und zeigst das auch ganz deutlich.

Stell dir vor, du bist privat und/oder beruflich völlig überfordert, weil alle um dich herum glauben, deine To-do-Liste sei noch nicht lang genug, dabei weißt du schon jetzt nicht mehr, wo dir der Kopf steht und eine Pause ist nur ein schöner Traum! Du erkennst die Signale. Du nimmst sie ernst und reagierst darauf: Du hältst deinen Mitmenschen – ob Chef und Kollegen, ob Familienmitgliedern und Freunden – ein deutliches Stoppschild entgegen und nimmst dir die Dreistigkeit heraus, zunächst erst einmal dafür zu sorgen, dass all deine elementaren Bedürfnisse zufriedengestellt sind, bevor du dich um Andere kümmern kannst. Du weißt, dass du auch etwas zählst und ein Recht auf eine eigene Lebensgestaltung hast. Du setzt Grenzen und kommunizierst sie mit denen, die um dich herum und meist auf sich selbst konzentriert sind. Du gehst auf Abstand, sortierst und priorisierst deine Pflichten. Du nimmst nicht alles schweigend hin und mutierst zum geduldigen Opferlamm, sondern du hast dein Leben in der eigenen Hand und schließlich das letzte Wort.

Stell dir vor, du befindest dich in irgendeiner Hinsicht in einer Lage, die dich nicht zufriedenstellt, vielleicht in Sachen Job, Beziehung, Familie, Lebensgestaltung oder, oder, oder. Du kannst natürlich alles so weiterlaufen lassen, wie es ist, auch, wenn es dich unglücklich macht. Das ist bequem und eine Zeit lang sogar legitim, um Kräfte zu sammeln. Aber du nimmst deinen ganzen Mut zusammen und erschaffst neue Wege und Ideen in deinem Kopf. Und dann wagst du, sie Schritt für Schritt zu gehen. Du triffst Entscheidungen, findest Lösungen, erkennst Sackgassen an, wenn es sie gibt, fügst dich gestaltend und mitwirkend in Veränderungen ein. Du nimmst nicht hin, sondern handelst selbst. Du gestattest dir Fehler und Schwächen. Du erlaubst dir, etwas auch mal nicht zu wissen, zu irren und Dinge erneut zu versuchen. Du lässt dich nicht durch dein Leben treiben, sondern du durchschwimmst es selbst, mit kraftvollen Zügen, die auch Irrwege enthalten. Womöglich sogar in die Gegenrichtung des Stromes?

Stell dir vor, du hast Mist gebaut. Eine misslungene Arbeit, ein verletztes Gegenüber, eine umgeworfene Vase, ein zerschrammtes Auto. Du könntest dich nun selbst verfluchen und verdammen. Aber anstatt zu allem Überfluss nun auch noch selbst auf dir herumzuhacken, erkennst du an, dass du eben nicht perfekt bist und es auch gar nicht sein musst. Du nimmst dich selbst tröstend in den Arm und sprichst dir aufbauende, tröstende und heilende Worte zu. Du erkennst deinen Anteil am Geschehen und übernimmst deine Verantwortung dafür. Wenn du einen Schaden angerichtet hast, schaust du ihn dir aufmerksam an und versuchst dann aufrichtig, ihn zu beheben. Aber du machst kein Drama daraus und du redest nicht grundsätzlich schlecht über dich selbst. Deine Kritik an dir ist sachlich, konstruktiv und immer auf dein (vielleicht manchmal falsches) Handeln bezogen, niemals auf dein Denken, Fühlen oder Sein. Du verzeihst dir Fehler. Du akzeptierst, dass du ein menschliches Wesen bist, mit allen Konsequenzen. Du verzichtest darauf, dich selbst fertig zu machen, was ja heutzutage ein beliebter geistiger Sport in unserer Gesellschaft zu sein scheint. Du quälst dich nicht mit sinnlosen Scham- und Schuldgefühlen. Du erlaubst dir, du selbst zu sein und deinen Platz in der Welt zu behaupten. Und ihn in einer Art und Weise auszufüllen, die dir wirklich gerecht wird.

All das und noch tausend andere Situationen mehr sind Ausdruck echter Selbstfürsorge!

Selbstfürsorge bedeutet nicht nur, (aber auch), sich mal zu verwöhnen und fünfe gerade sein zu lassen, den natürlichen Rhythmus zwischen Leistung und Ruhepausen zu erkennen und im Alltag umzusetzen oder sich mit einem Geschenk zu erfreuen. Es bedeutet auch:

- Nein zu sagen, wenn du etwas nicht willst.
- Ja zu sagen, wenn du etwas als passend empfindest – und zwar mit voller Überzeugung.
- Grenzen zu setzen, sie mitzuteilen und um jeden (!) Preis zu verteidigen.
- deine Meinung zu äußern, auch, wenn sie unpopulär ist oder eine Minderheit vertritt.

- Nachsicht und Mitgefühl mit dir selbst zu empfinden und dir entgegenzubringen.
- deinen wachen und offenen Geist zu nähren, wenn er sich nach Wissen und Wachstum sehnt.
- dich weder zu über- noch zu unterfordern, sondern so gut wie möglich die Balance dazwischen zu halten.
- zu wissen, was dir guttut und es in dein Leben zu holen.
- zu wissen, was dir schadet und es aus deinem Leben zu entfernen.
- all deine Gefühle zuzulassen, sie nicht zu verdrängen, dich aber auch nicht in ihnen zu verlieren.
- dir das Recht herauszunehmen, nach deinen eigenen Werten zu leben und deinen Platz in der Welt nach deinen persönlichen Vorstellungen zu gestalten.

Das klingt nach viel und das ist es auch!

Selbstfürsorge zu betreiben bedeutet, sich im Alltag immer wieder klarzumachen, was gerade in dir und um dich herum passiert und dann zu entscheiden, wie du damit umgehst. In tausend kleinen Aktivitäten entscheidet sich immer wieder jeden Tag aufs Neue, ob du dir selbst treu bist oder ob du dich verrätst. Und deine Seele verzeiht dir diese eigenen Schläge nur widerwillig: Je mehr du dir selbst davon antust, umso stiller und schwächer wird ihre Stimme. Minderwertigkeitskomplexe und eine Fixierung auf die Bestätigung von außen können die Folgen sein. Du wirst unsicher, gehemmter und defensiver. Dein Aktionsradius verkleinert sich. Die Fähigkeiten, die du eigentlich haben könntest, stehen dir zunehmend weniger zur Verfügung. Du mutierst zu einem stummen Mäuschen, das nichts verlangt und sich gegen Angriffe nicht wehrt. Auf diese Art kann man kein Leben gut bewältigen! Und je mehr Vorwürfe du dir machst, umso schlechter wirst du dich fühlen und umso massiver wird deine Kritik an dir selbst, was zu noch mehr Vorwürfen führt. Sprach ich schon vom Teufelskreis? Du weißt sicher, was ich meine!

Unser Selbstbild und das daraus folgende Selbstbewusstsein haben großen Einfluss darauf, ob wir gut mit uns selbst umgehen (= Selbstfürsorge leben). Wir kümmern uns umso besser um uns selbst, je besser wir uns akzeptieren und je mehr Selbstliebe wir empfinden. Umgekehrt sorgt ein nachdrückliches Einstehen für uns selbst für ein gutes Selbstbild. Wir werden natürlich auch innerlich unabhängiger, je klarer und liebevoller wir uns selbst betrachten.

Alle Aspekte rund um das *Selbst* greifen also ineinander und verstärken sich gegenseitig, im Guten wie im Schlechten. Das Gute dabei ist: Du kannst an jedem Punkt ansetzen, um eine positive Entwicklung anzuregen: Du kannst dein Bild, das du von dir selbst hast, verändern. Du kannst dich selbst in kleinen Schritten besser behandeln. Du kannst auf sehr verschiedenen Wegen dein Selbstvertrauen wachsen lassen und schauen, welcher davon dir am ehesten liegt. Es wird sich dadurch eine Spirale in Gang setzen, die auch auf alle anderen Aspekte Einfluss nimmt. Du kannst den Weg gehen, der am leichtesten für dich ist. Oder mehrere. Nacheinander oder gleichzeitig. Du kannst experimentieren und ausprobieren und auch mal einen Weg verwerfen. Wichtig ist nur, dass du dranbleibst und dir selbst gegenüber ehrlich!

Selbstfürsorge setzt Selbstliebe voraus. Selbstfürsorge erzeugt Selbstliebe. Selbstliebe setzt Selbstfürsorge voraus, Selbstliebe erzeugt Selbstfürsorge. Eine einfache Rechnung. Und Selbstvertrauen – und damit die Fähigkeit, ein erfüllendes und erfolgreiches Leben in Balance und nach seinen eigenen Vorstellungen zu führen – entsteht aus Selbstliebe und Selbstfürsorge – und bringt beides auch wiederum als Geschenk mit.

Es sind keine weltbewegenden Gedanken, welche hinter diesen Ideen stehen, und deshalb sind es auch keine großen Taten, mit denen sich das Denken verändern lässt. Das geht in kleinen, sogar winzigen Schritten und etabliert sich über viele Wiederholungen. *Das kannst auch du!*

Achte darauf, dass dein Wissen, das du über Selbstliebe, Selbstvertrauen und Selbstfürsorge hast, auch im Alltag nutzt. Setze es um, wann immer es dir möglich ist. Die Theorie allein ist wertlos: Neben dem Verstand muss es auch dein Herz begriffen haben und du musst es in jeder Minute deines Lebens aktiv und voller Überzeugung ausleben.

Bedeutetet Selbstfürsorge nun, dass du dich nur noch egoistisch und rücksichtslos um deine eigenen Bedürfnisse kümmern sollst? Natürlich nicht! Wenn das so wäre, würden wir in einer sehr traurigen und hoffnungslosen Welt leben, denn sich über die Anderen zu erheben und den eigenen Wert grundsätzlich höher zu gewichten, ist genauso schädlich wie sich selbst zu verleugnen oder die eigenen Bedürfnisse im Gegensatz zu fremden zu ignorieren. Es kommt auf eine ausgewogene Mischung an, ein Pendel, das hin und her schwingt, mal in die eine, mal in die andere Richtung.

Weil wir soziale Wesen sind und nicht ganz allein und ohne jede Bindung unser Leben bestreiten können, haben unsere Beziehungen natürlich einen großen Einfluss auf unser Wohlbefinden, weshalb wir gut daran tun, sie zu pflegen. Ein Mensch, der menschliche Beziehungen geringschätzt oder nicht aufrechtzuerhalten vermag, kann kaum ein positives Selbst aufbauen und sich auch nicht erfolgreich um seine Bedürfnisse kümmern. Sozialer Austausch ist auch ein Bedürfnis, das erfüllt werden will und wir fühlen uns nur sicher und geborgen, wenn wir uns an einem Platz in der Gruppe befinden, der uns behagt, mit einer Aufgabe, die zu uns passt. Eine gewisse Anpassung und Rücksicht ist also immer eine gute Idee. Aber nicht um den Preis der Selbstverleugnung! Es muss eine gesunde Grenze geben zwischen eigenen und fremden Bedürfnissen und wir müssen aufmerksam überlegen, wann und wo wir sie ziehen.

Dieses Gleichgewicht besteht übrigens überall da, wo wir urteilen: Auch fast alle Charaktereigenschaften sind nicht per se als positiv oder negativ zu bewerten. Es kommt immer auf den Blickwinkel an, aus dem wir sie betrachten, unseren Vorerfahrungen, Werte, Wünsche und

Ängste. Und natürlich die Lebensumstände, in denen wir uns befinden. In der harschen Geschäftswelt etwa mag Gefühlskälte ein lohnenswerter Zug sein, der so manches lukrative Geschäft befeuert – in einem sozialen Umfeld, etwa für einen Pfleger oder Lehrer wäre sie der berufliche Todesstoß. Und die Ausprägung spielt immer eine große Rolle: Sparsamkeit in Maßen hat Vorteile. Zu wenig davon kann in den Ruin stürzen. Zu viel davon mündet in Geiz und Mangel.

Mach dir gern selbst einmal die Mühe, die Eigenschaften aus deiner So-bin-ich-Liste, in die ein oder andere Richtung zu bewerten. Suche in den scheinbar „schlechten" etwas Gutes, Nützliches, Hilfreiches. Und finde an den „guten" einen Haken. Du wirst dabei Erstaunliches entdecken und jedenfalls feststellen, dass Vieldeutigkeiten dich narren! Deine blöde Ungeduld kann ein Segen sein, wenn sie dich erfolgreich vorantreibt! Deine Schüchternheit ein Schutz sein, der dich vor Kränkungen bewahrt. Deine Sturheit der Beweis für einen unerschütterlichen Willen. Es lohnt sich manchmal, die Dinge aus anderen Perspektiven zu betrachten und ganz besonders, wenn es sich bei diesen Dingen um die eigenen Eigenschaften und Fähigkeiten handelt! Gut ist ein Urteil immer dann, wenn es niemandem schadet, sondern dir und der Welt dienlich ist.

Selbstfürsorge ist in jedem Fall sowohl das Schloss als auch der Schlüssel für ein gutes Leben in Glück und Zufriedenheit. Sie umfasst neben der richtigen Einstellung auch ein sinnvolles Handeln. Sie äußert sich zuweilen aber auch in scheinbar ganz banalen Dingen. So erweist du beispielsweise deiner körperlichen und psychischen Gesundheit einen großen Dienst, indem du dich gesund ernährst, regelmäßig bewegst und für guten und ausreichenden Schlaf sorgst. Das ist keine spektakuläre Sache, wird aber von erstaunlich vielen Menschen einfach nicht umgesetzt! Wenn du es wirklich ernst mit dem Vorhaben meinst, dich besser um dich selbst zu kümmern, dann bereite dir nahrhafte, gesunde und leckere Gerichte zu und zelebriere deine Mahlzeiten in Ruhe und Muße. Gönne dir Pausen und sorge für erholsame Nächte. Bewege dich regelmäßig und schenke auch deinem Geist frisches Futter, indem du ihn mit Input versorgst. Stehe für dich ein und gehe fair mit dir um. Finde die richtige Balance zwischen deinen Bedürfnissen und denen deiner Mitmenschen. Pflege tiefe und innige Beziehungen. Verbinde dich mit der Natur und der Schöpfung, dort wartet Frieden auf dich. Rufe dich selbst zur Ordnung, wenn du von diesem Weg abweichst und erspare dir Exzesse, egal, in welche Richtung. Behalte deine Lust und deine Kreativität und erfreue dich an ihnen! Schreite mutig voran! Gestatte dir Entwicklungen, Fehlschläge, Experimente – bleib dir aber immer treu, bei allem, was du tust. Nichts ist so verheerend für das eigene Selbstvertrauen, wie sich selbst zu belügen und sich selbst zu verraten. Es fügt Wunden zu, die tiefer gehen als alles, was von außen jemals in dich eindringen könnte! Es kann dich so erschüttern, dass es dich von den Füßen reißt und nie wieder aufstehen lässt! Bleibe deswegen wahrhaftig und ehrlich und denke immer daran: Der wichtigste Blick ist der in den Spiegel.

Ewiger Frühling
In dir grünt und blüht es, wenn du willst.
(Collage)

Kleine Kreativ-Aufgabe:

Sammle deine Talente im Ich-kann-Glas!

Du kannst ein echtes Glas (Marmelade, Gurke) auswaschen und hübsch verzieren, vielleicht mit Farbe, Schleifen, kleinen aufgeklebten Gegenständen, und in diesem Glas zusammengerollte Zettelchen sammeln. Du kannst aber auch, wenn dir das gerade zu umständlich ist, einfach ein großes Glas in dein Notizheft zeichnen – freilich auch dies hübsch gestaltet – und dort deine Liste von Talenten festhalten.

Notiere alle **Fähigkeiten, Kompetenzen und Talente,** über die du verfügst. Schreibe auch auf, in welchen konkreten Situationen du diese Fähigkeiten angewendet hast, sozusagen als „Beleg" für dich selbst. Berücksichtige Fähigkeiten, von denen du selbst glaubst, dass du sie hast, aber auch solche, die dir von außen zugeschrieben wurden. Nimm gern deine Liste mit deinen Eigenschaften aus der ersten Aufgabe ebenfalls als Grundlage zur Hilfe, aus ihr lassen sich einige Fähigkeiten entnehmen.

Also beispielsweise so:

<u>Mut</u> – Ich bin ein mutiger Mensch, weil ich letzte Woche meinem mich in den Boden stampfenden Chef widersprochen habe, als er faktisch falsch lag und mich zu Unrecht beschuldigte.

<u>Sorgfalt</u> – Ich arbeite sehr gewissenhaft und sorgfältig, weil ich Ergebnisse erst nach mehrmaliger Prüfung abgebe und normalerweise danach nur sehr selten Fehler zu entdecken sind.

<u>Gelassenheit</u> – Ich bewahre auch im größten Chaos die Ruhe, selbst, wenn alle um mich herum total durchdrehen, wie etwa letztes Jahr auf dem Geburtstag von Tante Sybille, als ich (…)

Erweitere deine Liste um möglichst viele **Ich-kann-Angaben**! Bitte auch wieder mit Beispiel.

So etwa:

<u>Ich kann gut nähen</u>, weil ich meinem Enkel ständig seine zerrissenen Hosen flicke.

<u>Ich kann gut kochen</u>, weil meine Familie sich gern an den Tisch setzt und gierig das von mir

zubereitete Essen hinunterschlingt, auch, wenn sie es selten direkt loben.

<u>Ich kann diplomatisch agieren,</u> wie im letzten Jahr, als ich mit meinem Vermieter, unserem Kunden, meinem Bruder (…) anstatt zu streiten, zu folgendem Kompromiss kam: (…)

Welche Fähigkeiten das sein dürfen? Natürlich alle, die dir einfallen! Große und kleine, wichtige und scheinbar unbedeutende, verblüffende und gewöhnliche! Es gibt ihrer unzählige und vermutlich verfügst du davon über eine ganze Menge! Sei nicht schüchtern, du darfst heute ordentlich auf die Kacke hauen! *Du kannst ganz sicher ganz viel!* Schreibe alles auf.

Nimm dir ruhig Zeit dafür und deine Liste oder dein Glas immer mal wieder zur Hand. Füge Talente hinzu, die dir erst später einfallen oder die du vielleicht sogar erst später entdeckst. Ergänze deine Liste immer wieder und wieder. Im Lauf deines Lebens erweitern sich auch deine Fähigkeiten und es werden ständig neue hinzukommen und in den altbekannten wirst du noch besser werden. Das Glas – ob real oder als Zeichnung in deinem Notizheft – ist eine schlagkräftige Waffe, wenn es mal nicht so gut läuft und dich Zweifel und Komplexe fest im Würgegriff halten. Mache es dir zur Gewohnheit, erstmal deine *Ich-kann-Liste* zu lesen, bevor du negative Gedanken über dich selbst zulässt.

Kuscheliger Ort
Du brauchst ein Heim, das dich schützt.
(Collage)

Kleine Kreativ-Aufgabe:

Sammle Erfolge im Schon-erreicht-Glas!

Auch hier gilt wieder: Ein echtes Glas mit kleinen Zetteln, nett gestaltet – oder ein aufgemaltes Glas in deinem Notizbuch: Setze die Aufgabe um, wie es dir am ehesten liegt.

Das Schon-erreicht-Glas enthält deine Erfolge, die du im Laufe deines bisherigen Lebens geschafft hast. Und zwar nicht nur die großen wie Abschlüsse, Führerscheine, Hochzeiten, Geburten oder berufliche Stationen. Nicht nur die, die sich in Macht, Prestige, Karriere, Status, Vermögen und Luxus äußern! Es meint vor allem die Erfolge, die klein und scheinbar nicht wichtig sind, denn diese kleinen Erfolge sammeln sich zu einem riesigen Berg an, auf dem du und dein Selbstvertrauen sicher stehen können!

Hast du es beispielsweise geschafft, eine langjährige Freundschaft zu pflegen? Einen blühenden Garten (oder auch nur ein einziges Pflänzchen) zu erschaffen? Eine Mehrfachbelastung im Alltag zu stemmen? Herauszufinden, was deine eigenen Träume und Wünsche sind und sie zu verfolgen? Ein Musikstück zu komponieren, auch, wenn es nicht öffentlich aufgeführt wird? Jemanden zum Lächeln zu bringen? Jemandem eine Grenze zu signalisieren? Etwas, was dir nicht gut bekam, aus deinem Leben zu werfen?

Auch Erfolge können sich auf ganz vielfältige Weise äußern und es gibt, wenn wir genau hinsehen, mehr, als wir jemals aufschreiben könnten. Je bewusster sie uns sind, umso positiver ist das Bild, das wir von uns selbst haben, und umso aufrechter, authentischer und zielstrebiger können wir durchs Leben gehen.

Ebenso, wie unser Selbstbild sich aus ganz vielen kleinen Einzelbildern zusammensetzt, bilden auch unsere vielen kleinen und größeren Erfolge eine Art Mosaik, die zu unserem Selbstbild beiträgt. Schätzen wir sie gering, können sie uns nicht stärken und beflügeln. Nehmen wir sie hingegen wahr und erkennen wir sie an, haben wir jederzeit einen ständig erweiterbaren Pool an Selbstvertrauen-Boostern zur Verfügung.

Bedenke bitte auch, dass die Definition von „Erfolg" einmal überdacht sein will. Erfolg ist nicht nur, was die Gesellschaft als solchen definiert. Erfolg ist all das, was du getan und was ein gutes Gefühl in dir hinterlassen hat. Selbst ein Scheitern kann als Erfolg gewertet werden, weil es dich vielleicht etwas Wichtiges gelehrt oder dir den eigentlich richtigen Weg aufgezeigt hat. Sei also kreativ und achtsam mit deiner Bewertung von „Erfolg". Und sammle großzügig!

Weise
In dir gibt es eine weise Instanz, die immer Rat weiß.
(Collage)

Gesund und lecker:

Rezept für Hildegard-Kraftkekse:

Das Rezept für die Hildegard-von-Bingen-Kekse ist ebenso alt wie berühmt. Die kluge und vielseitig talentierte Nonne entwarf dank ihres umfassenden Heilwissens eine Gewürzmischung, die unsere Nerven stärken kann und buk leckere und wirksame Naschereien damit. Du kannst auch heute noch von ihnen profitieren, denn sie sind ganz schnell zubereitet und schmecken wirklich gut. Du kannst sie leicht überall mit hinnehmen und in heiklen Situationen griffbereit haben.

Du brauchst:

- 200g Dinkelmehl, gern Vollkorn
- 125 g Butter
- 1 Ei
- ¼ Teelöffel Muskatnuss (gemahlen)
- ¼ Teelöffel Zimt (gemahlen)
- 1 Messerspitze Gewürznelken (gemahlen)
- 1 Prise Salz
- Honig oder Reissirup nach Belieben

So wird's gemacht:

1. Mehl, Ei, Honig und Gewürze in einer Schüssel zusammenrühren. Die Butter in kleinen Stückchen ebenfalls hinzugeben. Alles gut vermengen, bis ein fester Teig entsteht.
2. Den Teig im Kühlschrank eine Stunde kühlen.
3. Den Teig auf einer mit Mehl bestäubten Arbeitsfläche ausrollen (ca. 5 mm dick).
4. Kekse mit einer Plätzchenform ausstechen und im vorgeheizten Backofen etwa 15 Minuten bei 170 Grad backen.
5. Auskühlen lassen und in einem gut verschließbaren Gefäß aufbewahren.

Die Kekse sind nicht als Leckerei gedacht, sondern als Medizin zu betrachten, weshalb du pro Tag maximal 3 – 5 davon zu dir nehmen solltest. Aber mehr wirst du dank des intensiven Geschmacks sowieso nicht schaffen.

Sie sorgen für eine aufgehellte und gute Stimmung. Das liegt natürlich vor allem an den in ihnen enthaltenen Gewürzen:

Muskatnuss:

Die kostbaren und früher sehr teuren Samen des Muskatnussbaums stammen aus Indonesien und wirken wärmend, krampflösend und schmerzlindernd. Und sie stärkt unsere Nerven, weshalb sie mit ihrem würzigen Geschmack den Keks bereichern, aber eben auch für gute Laune sorgen kann.

Vorsicht: Eine Überdosierung von Muskatnuss kann ernste gesundheitliche Folgen nach sich ziehen, sie kann berauschen und sogar vergiften! Normalerweise verwendet man Muskat in der Küche nur in kleinen Mengen. Aber du solltest dann eben auch nicht zu viele von den Keksen essen.

Zimt:

Das vor allem um Weihnachten herum gern genutzte, süßlich duftende Gewürz verbessert die Verdauung, die Durchblutung und das Wohlbefinden. Es wirkt außerdem antibakteriell und antifungal, worüber sich vor allem dein Immunsystem freut. Stärkung auf jeder Ebene also!

Gewürznelke:

Auch der Gewürznelke wird eine schmerzlindernde und stimmungsaufhellende Wirkung nachgesagt.

Lass dir die Kekse schmecken und ihre Wirkung entfalten!

Die Kekse sind nicht wahnsinnig süß und in der Konsistenz eher trocken. Aber vielleicht bemerkst du ihre positive Wirkung rasch und weißt die intensiven Gewürze zu schätzen?

Im Idealfall kombinierst du die Kekse noch mit einem Kräutertee (Pfefferminze, Fenchel, Kamille, …) oder mit einer mit Ingwerscheiben versehenen heißen Zitrone. So kannst du die Wirkung zusätzlich steigern und dir etwas richtig Gutes tun, vor allem in der dunklen und kühlen Jahreszeit oder wenn dir besondere Herausforderungen bevorstehen.

Kleiner Hinweis:

Solltest du krank oder schwanger sein, halte vor dem Verzehr der Kekse Rücksprache mit deinem Arzt. Da sie eine medizinische Wirkung aufweisen, muss unter Umständen überprüft werden, ob sie für dich geeignet sind oder nicht.

Schatzsucher

Dein Inneres gestaltet kostbare Perlen.
(Collage)

Starke Begleiter:

Von Krafttieren und wie sie dir helfen

Krafttiere kennen wir aus der Welt des Schamanismus, aber man muss nicht besonders esoterisch veranlagt sein, um sich ihrer Vorteile zu bedienen. Vielleicht hast du schon einmal bemerkt, dass der direkte Kontakt mit Tieren dich erdet, beflügelt oder eine ganz besondere Art tiefer Zufriedenheit in dir hervorruft. Dass Tiere positiv auf unsere Gesundheit und unsere Stimmung wirken, ist bekannt. Aber nicht jeder hat immer die Gelegenheit, sich ein Haustier anzuschaffen oder auch nur auf der Weide mal eine Kuh oder ein Pferd zu streicheln.

In solchen Fällen kannst du auch die gedankliche Beschäftigung mit Tieren nutzen, um dich selbst in eine bessere Stimmung zu versetzen. Bestimmten Tieren werden aufgrund ihrer Eigenschaften ganz bestimmte Wirkungen auf die Psyche des Menschen zugeschrieben.

Finde zunächst heraus, welches Krafttier dich (generell oder jetzt gerade in diesem Moment) intuitiv anspricht. Beschäftige dich mit diesem Tier, das überhaupt oder gerade jetzt besonders gut zu dir zu passen scheint: Betrachte Bilder (oder das Tier in echt, falls möglich), lies ein paar

Informationen darüber nach, mache dir die Eigenschaften bewusst, für die es typischerweise steht. Stelle dir dein Tier vielleicht als Figur zu Hause auf oder trage ein Foto oder eine kleine Figur bei dir. Fühle dich mit deinem Tier innerlich verbunden, nähre und pflege diese Beziehung, indem du dir dein Tier an deiner Seite im Alltag vorstellst. Entwirf Bilder in deinem Kopf, in denen dein Tier dir als Freund und Helfer zur Verfügung steht und dir all die Eigenschaften verleiht, die du in diesem Augenblick unbedingt brauchst. Spüre ihnen im Herzen nach!

Lass dein Tier dann wieder gehen, natürlich nicht, ohne dich zuvor bei ihm für seine Unterstützung zu bedanken.

Du kannst dein Krafttier jederzeit und unter allen Umständen anrufen. Es wird immer zuverlässig da sein und dir alles geben, was dir fehlt.

Je häufiger und intensiver du mit deinen imaginären Krafttieren arbeitest, umso deutlicher wirst du eine wachsende Verbindung zur Natur und zur Schöpfung spüren. Verstärke diese Verbindung, indem du dich häufig draußen in einsamen Gegenden aufhältst und dich in die Natur hineinfühlst. Gehe spazieren, betrachte den Himmel, berühre Bäume, beobachte Käfer, im Wind tanzende Blätter, Regentropfen, die auf Pfützen prallen. Rieche Pilze, genieße Sonnenstrahlen auf der Haut, lausche dem Quaken von Fröschen und dem Zirpen der Grillen, tauche die Hand in einen Bach. Fühle die lebende, wachsende, blühende, sich entfaltende oder zur Ruhe begebende Natur um dich herum, entdecke ihre Phasen und Zyklen, erkenne, wie schützenswert, einmalig und wertvoll sie ist! Tue, was du kannst, um zu ihrem Erhalt und zu ihrer Vielfalt beizutragen. Sie kann dir auf ganz viele Arten ganz viel geben und wenn du aufmerksam genug bist, wirst du diese Geschenke wahrnehmen können und zu schätzen wissen.

Es gibt natürlich unglaublich viele verschiedene Krafttiere. Ich habe dir hier einmal ein paar aufgelistet, die dir explizit Stärke, Mut und Selbstvertrauen verleihen können! Natürlich existieren jede Menge Krafttiere, die andere Eigenschaften und Stärken mitbringen, aber für uns geht es heute ja um ein starkes Selbstbewusstsein – deshalb sind unsere hier beschriebenen Krafttiere mit ihrer Symbolik wahre Selbstvertrauen-Förderer.

Wenn du dich für die Thematik interessierst und darüber weitere Informationen erhalten willst, findest du unter dem Stichwort „Krafttiere" ganz viel im Internet, auch gute und ausführliche Bücher. Du kannst auch nach anderen Themen in Zusammenhang mit deinem Krafttier suchen, wenn du dir weitere Eigenschaften wünschst, etwa „Krafttier Gelassenheit", „Krafttier Klarheit" oder „Krafttier Mitgefühl", je nachdem, welche Fähigkeit du in dir selbst gerade fördern und steigern möchtest.

Zunächst aber mag es dir genügen, einmal ein paar wirkungsvolle Krafttiere für eine Extraportion Selbstvertrauen kennenzulernen und von ihren spezifischen Fähigkeiten zu erfahren. Nutze ihre Kraft für dich in deinem Alltag, wenn du dich schwach oder minderwertig fühlst, wenn Zweifel oder unangenehme Gefühle dich überkommen, wenn du ein Problem zu lösen hast, das dich gegenwärtig überfordert oder wenn einfach unter dem Eindruck leidest, dir fehle ein schlagkräftiger mentaler Unterstützer, der dir das Gefühl gibt, auf dem richtigen Weg zu sein!

Krafttiere sind eine wunderbare Möglichkeit, deine eigene Fantasie zu nutzen und dich begleitet und beschützt genug zu fühlen, um der Welt dein eigenes Potenzial selbstbewusst zu zeigen. Sie können dich kurz oder über einen langen Zeitraum, einmalig oder ständig begleiten. Entscheidend ist nur, dass du dich auf dieses mentale und spirituelle Spiel ohne Vorbehalte einlässt und ihm eine Chance bietest, sich in deinem Herzen zu entfalten.

BÄR:

Wer schon einmal einen echten Bären gesehen hat, der weiß, welche unglaubliche Kraft und gleichzeitig Ruhe diese größten aller Landraubtiere der Erde ausstrahlen. Der Anblick der Tiere erfüllt den Betrachter so mit Ehrfurcht, dass der Atem zu stocken scheint. Bären sind gewaltig groß, behäbig und gefährlich – nur ein Hieb mit ihrer Pranke kann furchtbare Folgen haben und sie agieren erstaunlich schnell und wenig. Sie sind aber auch hingebungsvoll liebende und fürsorgliche Eltern.

Bären stehen für Wildheit, Intelligenz, Eigenwilligkeit, Freiheitsstreben und den Mut zum Kampf. Als Krafttier möchte dich der Bär daran erinnern, klug mit den eigenen Energien zu haushalten und dich auch mal zurückzuziehen, wenn das Geschehen im Außen dich überfordert. In deiner behaglichen, geschützten (Gedanken-) Höhle kannst du zu neuen Kräften kommen und verschnaufen. Du erhältst neue Energie, Mut, mehr Selbstvertrauen und Entschlossenheit, indem du innehältst und dir selbst die Gelegenheit, zur Ruhe zu kommen und dich auf dich selbst zu besinnen, zugestehst.

Als mächtiges und unabhängiges Tier mahnt der Bär dich aber auch, deine innere Stärke zu kultivieren und bei Konflikten in die Offensive zu gehen. Weder musst du dich ständig rechtfertigen, noch deine eigene Meinung prinzipiell immer wieder überdenken, nur weil Andere sie nicht teilen. Alles, was du sein sollst, ist authentisch und echt. Ein Geist, der sich klar äußert, lädt Harmonie und eine bessere Kommunikation in sein Leben ein. Gemeinsam mit dem Bären schaffst du es, ganz bei dir selbst zu bleiben, die Ruhe zu bewahren, deine Energiereserven wieder aufzufüllen und stetig deine Ziele zu verfolgen.

DRACHE:

Der Drache ist ein Tier aus der Mystik, das du in seiner realen Form leider nirgends treffen und berühren kannst. Er hat in ganz vielen Kulturen seit Jahrtausenden eine große Bedeutung: Während er in Asien als Glückssymbol gilt und die Tempel vor bösen Dämonen bewachen soll, steht er in unseren Breiten seit dem Mittelalter eher Pate für ein bösartiges, bedrohliches Geschöpf, das fliegend und feuerspeiend nicht nur Angst und Schrecken verbreitete, sondern auch Schätze bewachte oder hilflose Prinzessinnen verputzte, sofern diese nicht von einem starken Kämpfer gerettet wurden. Der Kampf gegen den Drachen symbolisiert den Kampf gegen die eigenen inneren Triebe und das Bändigen von Urkräften.

Als Krafttier ist der Drache ebenso vielseitig wie als zerstörerisches oder heiliges Fabelwesen: Er schenkt dir Tatkraft und Energie, um deine Wege zielstrebig zu verfolgen, deine Ängste zu besiegen und deinen Weg im Leben zu gehen, ohne Enttäuschungen zu fürchten. Mutig und voller Selbstvertrauen kannst du dich ins Leben stürzen, weil der Drache dir mit Kraft, Stärke und Schutz zur Seite steht. Zudem hilft er dir dabei, deine Selbstständigkeit zu vergrößern und eine Selbstverwirklichung zu entwickeln, die du dir allein errungen und eben nicht von außen bekommen hast. Sie entsteht in dir selbst, in deinem eigenen inneren Kraftzentrum – und deshalb kannst du sie jederzeit selbst mehren.

Der Drache erinnert dich auch daran, dass du eine Vielzahl von Fähigkeiten und Talenten hast, die du unbedingt einsetzen und nutzen solltest.

ELEFANT:

Elefanten sind die größten und schwersten Landsäugetiere und in vielen Kulturen bekannt und verehrt. Sie leben in Herden mit engen Bindungen, abgesehen von den Bullen, die als Einzelgänger durch die Welt streifen, und gelten als außerordentlich klug und sensibel, aber unter Umständen auch als unberechenbar und gefährlich.

Die großen und mächtigen Tiere zeugen von einer erhabenen Kraft, die uns Menschen schon seit Urzeiten fasziniert.

Der Elefant als Krafttier bringt mit seiner Sanftmut und seiner sensitiven Art mehr Liebe, Dankbarkeit und Verständnis in dein Leben. Er hilft dir dabei, die Verbindungen zu anderen Lebewesen zu stärken, zu deiner eigenen Verantwortung zu stehen und Dinge klug und besonnen zu entscheiden. Sollte zu deiner Heilung Vergebung – für deine Mitmenschen oder auch dich selbst – hilfreich sein, führt der Elefant dich freundlich, aber beharrlich in diese Richtung und unterstützt dich dabei, dein Herz zu öffnen.

Elefantenhaut ist sehr empfindlich und deine Haut darf es im metaphorischen Sinn auch sein: Der Elefant verpasst dir kein dickes, schützendes Fell, sondern er zeigt dir, wie du alles Trennende überwinden und Verbindungen herstellen kannst. So wird echte Nähe möglich, die deinen Schutzpanzer sprengt und dich zu einem verletzbaren und damit tief fühlenden Wesen macht. Neben Weisheit und Mut bringt er auch Stabilität und Erdverbundenheit mit.

Würden viele Menschen sich einen Elefanten als Begleiter wählen, würden in unserer Gesellschaft kostbare Werte wie gegenseitige Hilfe, Mitgefühl, Respekt und Verständnis rasch die

Aufmerksamkeit bekommen, die sie eigentlich bräuchten, damit die Welt für uns alle ein besserer Ort sein könnte. Finde zumindest DU deinen Elefanten und erfreue dich an seiner weisen, liebevollen und verbindenden Natur, die loyal und treu bis in den Tod ist.

FUCHS:

Der Fuchs hat keinen guten Ruf! Von besonderer List und Heimtücke bis hin zur profanen Tollwut wurden dem sehr anpassungsfähigen und weit auf der Welt verbreiteten Tier schon vielfältige negative Aspekte angedichtet. Auch bejagt wurde es unglücklicherweise häufig im Lauf der Geschichte. Tragisch, aber mit einem wahren Kern: Der Fuchs ist ein sehr schlaues Tier, das über eine herausragende Beobachtungsgabe verfügt und sich kaum in seiner ursprünglichen Wildheit zähmen lässt.

Als Krafttier steht der Fuchs für Diplomatie, Anpassungsfähigkeit (nicht als Nachteil im Sinne von Unterwerfung, sondern als bewusst genutzter Vorteil) und besonnenes Abwarten.

Beobachte, sondiere und überlege! Setze deine Überlegungen erst dann in Aktionen um, wenn du dir sicher bist, dass der richtige Zeitpunkt gekommen ist. Lass dir dafür alle Zeit der Welt, um die Dinge ganz klar und in Ruhe zu betrachten und deine Schlüsse zu ziehen.

Nutze deine Kreativität, um deine eigene Wahrheit zu finden. Vertritt sie mutig nach außen und lass dich von Gegenwind nicht beirren. Triff Entscheidungen besonnen und wohlüberlegt. Übernimm die Verantwortung für dein Fühlen, Denken und Handeln. Und lass dir bei alldem Zeit. Es geht nicht darum, in hektischem Aktionismus möglichst viel zu unternehmen, sondern du sollst die passende Lösung sich entfalten lassen und am Ende auch hinter ihr stehen.

Die Anpassung, die der Fuchs dich lehrt, ist kein Aufgeben deiner individuellen Werte. Es ist ein taktisch kluges Lavieren damit gemeint, das dir neue Chancen eröffnet und dich aus jeder Situation das Beste herausholen lässt.

Während du damit beschäftigt bist, in dich zu gehen, wird der Fuchs als Krafttier dich schützen. Und er steht hinter dir, sobald du mit deinen gefestigten Überzeugungen in Aktion trittst und der Welt deinen Stempel aufdrückst.

LÖWE:

Der König der Tiere, Sinnbild für Stärke, Tapferkeit, Macht und Königtum! Wer kennt ihn nicht, den würdevollen Gesellen, den nichts aus der Ruhe zu bringen scheint?

Als Krafttier taucht er vor allem dann auf, wenn deine Welt aus den Fugen geraten ist und die Dinge dir aus den Händen gleiten: Er verleiht dir Selbstvertrauen und genug innere Kraft, um dich den Herausforderungen zu stellen, einen klaren Überblick über die Situation zu bekommen und dich selbst in eine Stellung zu bringen, in der du die Lage (wieder) beherrschst.

Selbstwertgefühl, Selbstvertrauen und Souveränität sind typische Geschenke des Krafttiers Löwe, die er auf eurer Reise beisteuert. Er setzt sie für dich im Kampf gegen Depression, Verzweiflung und Mutlosigkeit ein und verhilft dir damit zu neuer Kraft und Zuversicht. Der Löwe hilft dir dabei, dir selbst absolut sicher zu vertrauen und Zweifeln oder Bedenken keinen Platz mehr einzuräumen. Er verwandelt Schwäche in neue Stärke und sorgt für einen beflügelten, tatkräftigen Geist, der seine Lähmungen abschüttelt und mutig voranprescht. Er lässt dich deine eigene Würde so deutlich spüren, dass du Ruhe und Gelassenheit empfindest, wo zuvor noch ein innerer Sturm tobte. Er wird dich in eine mentale Geisteshaltung bringen, die den Respekt und die Anerkennung deiner Mitmenschen ganz selbstverständlich einfordert. Lass dich von ihm leiten, wenn du dich klein und kraftlos fühlst.

PFAU:

Das wunderschöne, aus Asien stammende Tier erfreut sich auch bei uns größter Beliebtheit, weil es mit seinem prächtigen Rad und dem bunten Gefieder einfach herrlich anzusehen ist. Symbolisch verkörpert er allerdings zuweilen Eitelkeit, Arroganz und Oberflächlichkeit, die sich sogar in Sprichwörtern niederschlagen. Zum Glück hat er auch noch positivere Bedeutungen, so repräsentiert er etwa im Christentum Unsterblichkeit, in anderen Mythologen ist er ein Göttervogel oder Götterbote, und kulturell gilt er zuweilen als Symbol für weltliche Macht.

Als Krafttier macht der Pfau eine sehr gute Figur: Er steht für alles Schöne und die Schönheit und eben nicht für Eitelkeit, sondern für den Mut, das eigene Licht und die eigene Schönheit nach außen zu tragen und der Welt zu zeigen.

Entfalte deine innere und äußere Schönheit ohne jede Hemmung und zeige, wer und wie du bist! Strahle von innen, indem du mit dir in Einklang bleibst und dir deiner Schönheit auch bewusst bist. Sei stolz auf alles, was gut und schön an dir ist, bewahre dir diesen Stolz auch gegen

Widrigkeiten und Angriffe. Deine Ausstrahlung wird auf eine ganz natürliche Art überwältigend charismatisch werden, wenn es dir gelingt, dich mit dir selbst auszusöhnen und zu dir zu stehen.

Wie auch deine eigene Schönheit darfst und sollst du aber auch die Schönheit in der Welt entdecken und fördern: Schaffe selbst kreative und schöne Dinge oder erfreue dich an ihnen, wenn sie dir begegnen! Schönheit in all ihren Formen nährt die Seele und bringt sie zum Leuchten.

Begleitet dich der Pfau als Krafttier, wirst du die Schönheit in dir selbst und um dich herum leichter entdecken und großes Vergnügen dabei empfinden. Arroganz und Eitelkeit werden dir fremd. Du strahlst aus dir selbst heraus und machst damit auch die Welt ein kleines bisschen heller.

WIDDER:

Das abendländische Horoskop kennt den Schafbock mit den geringelten Hörnern (eigentlich ein Mufflon) als feuriges, stures, vorpreschendes Wesen mit einem starken Willen, viel Durchsetzungskraft, erheblicher Ungeduld und pionierartigen Visionen, denen es blind und zielstrebig folgt.

Das Krafttier Widder verleiht dir also auch die erstaunlich lebendige Kampfkraft, die du brauchst, um auch widrige Wege zu gehen, für dich und deine Ideale zu kämpfen und deine Ziele kompromisslos zu verfolgen. Ein Widder lässt sich nicht aufhalten und vielleicht braucht so manches deiner Projekte auch genau dieses halsstarrige Festhalten, um erfolgreich zum Ende gebracht zu werden?

Kommuniziere klar und deutlich, was du willst oder wo deine Grenzen sind. Achte auf die Bedürfnisse deines Körpers, deiner Seele und deines Geistes und räume ihnen eine angemessene Bedeutung im Alltag ein. Vertraue darauf, dass du fähig und stark genug bist, dein Ding durchzuziehen. Beiße dich fest, wenn dir etwas wichtig ist. Stampfe kräftig auf, wenn Fesseln dich einschränken und werde aktiv, wenn du etwas erreichen möchtest. Bei alldem steht der Widder an deiner Seite und teilt sein mitreißendes und unbändiges Potenzial mit dir.

Finde dein passendes Krafttier und lasse dein Selbstvertrauen erstrahlen.

Nun kennst du ein paar Krafttiere, die auf die ein oder andere Art dein Selbstvertrauen stärken können. Rufe sie herbei, wenn du eins von ihnen brauchst. Visualisiere sie, wann immer du Unterstützung nötig hast.

Informiere dich gern auch über andere Krafttiere und ihre jeweiligen Symboliken! Das ist ein unglaublich interessantes Feld, das dich die Tierwelt gleich mit ganz neuen Augen sehen lässt!

Mit Krafttieren an deiner Seite kann der zufällige Anblick einer Spinne oder das Auftauchen einer Krähe in deinem Garten eine Bedeutung bekommen, die du vorher nicht einmal erahnt hast. Du wirst bewusster mit und in der Natur agieren und verstärkt auf Kleinigkeiten achten. Du wirst erkennen und spüren, wie sehr du selbst auch Teil der Schöpfung bist, und diese Erkenntnis wird dir zusätzliches Selbstbewusstsein verleihen, weil es sinnstiftend und tröstlich ist.

Ein Duft, der stark macht:

Rezept für festes Parfüm mit Wirkung

Es ist durchaus bekannt, dass Düfte einen erheblichen und direkten Einfluss aus unser Gefühlsleben haben und uns zum Beispiel innerhalb von Sekundenbruchteilen erstaunlich heftig in einen bestimmten Gefühlszustand katapultieren oder schlagartig tief vergrabene Erinnerungen auslösen können. Aber wusstest du auch, dass man ganz gezielt gewisse Gerüche nutzen kann, um sich selbstbewusster, mutiger und stärker zu fühlen? Nicht aufgrund einer gewissen persönlichen Vorliebe oder wegen entsprechend positiver Erfahrungen, die wir damit verknüpfen – natürlich fühlt man sich, sobald man sein Lieblingsparfüm aufgesprüht hat, immer irgendwie ein bisschen stärker, fröhlicher, sinnlicher und schöner. Nein, es sind Duftnuancen, uns von der Natur in Form ätherischer Öle geschenkt, die normalerweise bei jedem von uns das Gleiche hervorrufen, in unserem Fall eben Selbstvertrauen und Mut! Wenn wir sie an unserem Körper tragen, kann es sein, dass wir selbstbewusster und zielstrebiger auftreten, ohne dies überhaupt zu merken!

Abhängig ist die Wirkung ein bisschen von unserem Typ:

Sind wir leicht zu verunsichernde, schüchterne und nervöse Menschen, helfen uns beruhigende und harmonisierende Düfte, in unserer Mitte zu bleiben, wie:

- Rose
- Lavendel
- Jasmin
- Vanille
- Rosengeranie

Brauchen wir mehr Tatkraft, Schwung und Selbstbewusstsein, wirken diese belebenden Düfte besonders positiv auf uns ein:

- Zitrone
- Orange
- Mandarine
- Grapefruit

Nun kannst du dich natürlich in die Recherche werfen (oder eine Parfümerie aufsuchen) und entsprechend passende Parfüms heraussuchen, was mitunter sicherlich auch Freude macht.

Du kannst aber auch ein bisschen in deiner eigenen Küche werkeln und ein festes Parfüm anmischen, das einen Platz im Badezimmer, auf deinem Nachtisch, im Auto, in deiner Hand- oder

Arbeitstasche findet und damit immer und überall einsatzbereit ist.

Es ist nicht schwer, bereitet Spaß, beschäftigt dich sinnvoll und eignet sich sogar noch als Geschenk. Und wenn du das feste Parfüm dann aufträgst (auf die „bekannten" Stellen: Dekolleté, Handgelenke, Nacken, hinter den Ohren), dann wirst du recht bald die positive Wirkung auf dein Selbstvertrauen zu spüren bekommen. Übrigens gilt das nicht nur für Frauen. Ein herber, zitroniger Duft ist auch für Männerdüfte gut nutzbar, zumal dieses Parfüm eine eher dezente und keineswegs aufdringliche Wirkung hat.

Du brauchst für eine Portion:

- 20 g Jojobaöl
- 4 g Kakaobutter
- 3 g Bienenwachs (weiß)
- 35 – 45 Tropfen ätherische Öle deiner Wahl (hochwertig, in Bio-Qualität)
- Becherglas
- einen kleinen Kochtopf
- einen kleinen Tiegel oder ein passendes Schraubgefäß

So wird's gemacht:

1. In dem Becherglas im Wasserbad die Kakaobutter und das Bienenwachs im Jojobaöl schmelzen.
2. Wenn alles geschmolzen ist, die Mischung vom Herd nehmen und die Duftöle in gewünschter Auswahl und Mischung hinzugeben.
3. Den Tiegel/das kleine Schraubgefäß heiß ausspülen, sorgfältig abtrocknen und dann mit der Masse befüllen.
4. Mit offenem Deckel abkühlen lassen.

Das feste Parfüm ist zwei bis drei Jahre haltbar, sollte aber eher kühl gelagert werden, weil es in einer zu warmen Umgebung schmelzen kann.

Falls du dein eigenes Parfüm nicht missen und als Verstärker für dein Selbstvertrauen im Alltag nutzen möchtest, aufgrund des großen Flakons aber natürlich nicht immer überall dabeihaben kannst, bietet es sich übrigens an, dein festes Parfüm mit einer entsprechenden Beduftung aus deinem Lieblingsparfümflakon zu versehen: Tröpfle statt der ätherischen Öle einfach deinen liebsten Duft hinein und schon hast du aus deinem liebsten Geruch eine mobile Version gezaubert, die sogar in die Jacken- oder Hosentasche passt und im privaten, aber auch beruflichen Alltag schnell und unauffällig aufgetragen werden kann!

Wärmend, nährend, tröstend:

Mein Haferbrei-Geheimrezept

Es ist noch nicht sehr lang her, als der gute alte Haferbrei total unpopulär war, altmodisch, angestaubt und irgendwie auch ein bisschen mit „Krankheit" verbunden.

In den letzten Jahren hat sich ein Wandel vollzogen: Der Brei heißt jetzt Porridge, wird in tausend und mehr verschiedenen Versionen fabriziert, hat gesundheitliche und geschmackliche Vorteile, die nicht von der Hand zu weisen sind und ist plötzlich megatrendy, vor allem für Leute, die auf ihr Wohlbefinden achten und sich bewusst ernähren. Er wärmt uns ganz wunderbar, nicht nur in der kalten Jahreszeit, erinnert an gemütliche und geborgene Stunden bei den Großeltern oder lieben Verwandten und kann ein simpler, einfacher und schneller Weg sein, uns selbst zu verwöhnen, ohne großen Aufwand dafür zu betreiben.

Natürlich kannst du auch ein raffiniertes Gängemenü zaubern, um dir selbst etwas Gutes zu tun. Aber es mag diese Tage geben, da hast du überhaupt keine Lust, lange in der Küche zu stehen und komplizierte Rezepte umzusetzen.

Vielleicht ist auch der Kühlschrank leer – oder das Portemonnaie – und dir fehlen Kraft, Zeit, Lust oder Geld, etwas einzukaufen und daraus ein kleines Kunstwerk zu zaubern.

Dies sind die Momente des Haferbreis! Gemütlich auf dem Sofa oder im Bett vernascht, wärmt er Bauch und Herz und er gelingt sogar Menschen mit zwei linken Kochhänden. Das Rezept, das ich dir hier vorstelle, bringt darüber hinaus aufgrund seiner würzigen Zutaten noch ganz besonders positive Wirkungen auf deine Gesundheit mit! Die Gewürzmischung stärkt Seele, Geist und Leib, der Hafer verleiht dir besonderes Durchhaltevermögen und Stärke und die (durchaus variabel einsetzbaren) Obstsorten geben dir einen besonderen Vitaminkick! Du wirst besser und konzentrierter arbeiten können, dich satt und zufrieden und nicht überfressen fühlen und von den guten Zutaten spürbar profitieren! Hafer sorgt überdies für einen gesunden Cholesterinspiegel, mindert das Krebsrisiko, versorgt deinen Körper mit wichtigen Mineralien, reguliert deine Verdauung und unterstützt deine Darmflora. Selbstfürsorge pur!

Für den Haferbrei brauchst du:

- 35 g Haferflocken
- 200 ml Milch oder Pflanzenmilch

- nach Belieben Zucker, Honig oder Reissirup
- eine Messerspitze der Gewürzmischung
- Obst
    - Bananen
    - Beeren
    - Apfel oder Birne
    - Weintrauben
    - (…) Was immer du willst!

So wird's gemacht:

Koche in einem kleinen Topf unter ständigem Rühren die gesüßten Haferflocken in der Milch oder Pflanzenmilch kurz auf. Gib das kleingeschnittene Obst dazu, nachdem du das angedickte Gebräu vom Herd genommen hast. Rühre die Prise Gewürzmischung unter.

Für die anregende **Gewürzmischung** brauchst du folgende Gewürze in Pulverform:

- 2 Teelöffel Kurkuma (verdauungsfördernd, antiseptisch, antibakteriell, blutreinigend, energiespendend)
- 2 Teelöffel Zimt

(desinfizierend, stimmungsaufhellend, krampflösend, durchblutungsfördernd, beruhigend)
<u>Achtung:</u> Kann bei übermäßigem Verzehr eine schädliche, sogar vergiftende Wirkung haben. Achtsam dosieren.

- 2 Teelöffel Kardamom
  (kühlend, entsäuernd, beruhigend, konzentrationssteigernd)
- 2 Teelöffel Koriander
  (verdauungsfördernd, kühlend, nervenstärkend, entzündungshemmend, entgiftend)
- 2 Teelöffel Ingwer
  (antibakteriell, virusstatisch, verdauungsfördernd, wärmend)
- 1 Teelöffel Nelken
  (schmerzlindernd, entzündungshemmend, antibakteriell, antiviral, antimyotisch)
- 1 Teelöffel Kreuzkümmel (verdauungsfördernd)

So wird's gemacht:

Mische die angegebenen Gewürze in Pulverform zusammen und bewahre sie in einem sauberen Schraubglas dunkel und kühl auf.

Noch einige kleine Hinweise:

Die Gewürze haben in vielerlei Hinsicht eine positive Wirkung auf deinen Körper und können eine Reihe von Leiden lindern. Sie bewirken aber auch für die Psyche eine Stärkung, die du für dich nutzen kannst.

Du kannst die Gewürzmischung auch in einer heißen Honigmilch oder einem Kakao genießen. Sie eignet sich außerdem für selbst gebackenen Kuchen oder Brot und kann sogar herzhaften Gerichten den richtigen Kick geben. Sei mutig und teste aus, was dir gefällt und was nicht. Vor allem in der asiatischen Küche wirst du viele Anregungen finden.

Der Haferbrei kann auch kalt angerührt werden (ohne Kochen). Er schmeckt dann kerniger und frischer und geht noch schneller.

Nutze die Gewürze nur, wenn du körperlich gesund und nicht schwanger bist. Bei Unsicherheit befrage deinen Arzt zur Sicherheit.

Dosiere die Gewürze vorsichtig und taste dich heran, ob und wie gut du sie verträgst.

Generell gilt:

Alles, was du dir selbst an Gutem tust, verzeichnet dein Unterbewusstsein als positiv. Je häufiger und achtsamer du das tust, umso mehr wirst du dir auch deines eigenen Wertes bewusst. Selbst so profane Dinge wie die tägliche Ernährung sind ein wunderbares Übungsfeld, um innerlich stabiler, fröhlicher und selbstsicherer zu werden. Probiere auch ruhig mal etwas Neues aus, erfreue dich an unbekannten Geschmacksrichtungen und kreativen Experimenten. Dein Selbstvertrauen wird es dir ebenso danken wie dein wohl umsorgter Körper!

Nicht nur schön anzusehen:

Welche Blumen dir Kraft geben

Blumen machen uns glücklich! Egal, ob im Garten oder in der Vase, egal, ob geschenkt oder selbst gekauft, zufällig gefunden oder eigens angebaut - in all ihren Formen und Ausprägungen zaubern uns blühende Gewächse fast unwillkürlich ein Lächeln aufs Gesicht. Sie sind Freunde und Begleiter unseres Lebens und sorgen für Schönheit, Fülle und den Eindruck von Harmonie.

Aber Blumen können noch mehr! Wie auch bei den Krafttieren und den Düften gibt es ganz bestimmte Sorten, die symbolisch für ein starkes Selbst stehen und zu einem wachsenden Selbstvertrauen beitragen. Mit diesen Blumen solltest du dich umgeben, so oft du kannst. Neben der „echten" Pflanze genügt als Erinnerung manchmal auch ein Bild oder auch nur der Gedanke an „dein" stärkendes Pflänzchen, um für mehr Mut und Kraft im Herzen zu sorgen.

ANTHURIE:

Die exotisch anmutende „Flamingo-Blume" repräsentiert in ihren kräftigen Farben Stärke und Selbstbewusstsein.

GLADIOLE:

Gladiolen werden auch „Schwertblumen" genannt und sind mitunter eindrucksvoll. Es gibt sie in vielen verschiedenen Farben, auch mehrfarbige Sorten. Schon allein ihrer Form und auch ihrer Vielfalt wegen steht die große, schlanke Blume für Charakterstärke und Stolz.

KAKTUS:

Kakteen sind sehr genügsam und überleben unter schwierigsten Bedingungen. Sie wachsen langsam, können sehr alt werden und sind durchaus wehrhaft. Es gibt sie in verschiedenen Formen und Ausprägungen. Früher assoziierte man sie eher negativ, aufgrund ihrer zumeist stachligen Erscheinung, etwa mit Dickköpfigkeit und Egoismus. Heute stehen die erstaunlichen Gewächse auch für Ausdauer und Individualität.

LILIE:

Lilien, schlank und großgewachsen, gelten als ein Zeichen für Licht, Unschuld und Reinheit, aber auch für Eitelkeit. Sie kommen in ihrer Eleganz fast der Rose gleich und tragen etwas Majestätisches in ihrer Erscheinung, das mahnen soll: Auch wir sind in unserer Welt Könige und Königinnen und sollten uns selbst behandeln wir einen kostbaren Schatz. Selbstliebe ist *keine* Eitelkeit – sondern eine überlebenswichtige Notwendigkeit.

RANUNKEL:

Ranunkeln sind üppig, unkompliziert und hübsch. Sie signalisieren Attraktivität und Anziehungskraft und eignen sich daher wunderbar als Erinnerung daran, wie schön und ansprechend wir äußerlich und innerlich sind.

ROSE:

Die Königin der Blumen gilt unzweifelhaft als DAS Sinnbild von Liebe und Schönheit. In ihren vielfältigen Farben und verschiedenen Arten und mit ihrem betörenden Duft kann sie uns daher auch als Symbol für Selbstliebe dienen – und uns an unsere eigene Schönheit gemahnen.

SONNENBLUME:

Fröhlich und warm transportiert die Sonnenblume das Flair des Sommers voller Leichtigkeit und schöner Augenblicke. Böse Zungen sprechen ihr Unnahbarkeit und Stolz zu, aber deuten wir diese Eigenschaften positiv, gelangen wir zu einer Art freundlicher Distanz und anerkennenden Respekts uns selbst gegenüber, der uns sicherlich gut zu Gesicht steht.

STRELITZIE:

Die „Papageienblume" ist wunderschön, exotisch und faszinierend gefärbt. Diese Extravaganz vermittelt Einzigartigkeit und ist damit für unsere Seele ein wunderbarer Gefährte, der uns unsere eigene Einzigartigkeit vor Augen führt.

Die Blumensprache ist sehr vielfältig und eine ganz interessante Sache! Es lohnt sich durchaus, sich einmal damit zu beschäftigen und die „Sprache" der Blumen auch gegenüber anderen Menschen ganz bewusst zu sprechen, in Form eines besonderen Mitbringsels oder Geschenks! Aber auch uns selbst dürfen wir damit erfreuen und an unsere eigene Kraft, Einzigartigkeit und Schönheit erinnern!

Werte, Prinzipien, Überzeugungen:

Bleib authentisch!

Werte, Prinzipien, Überzeugungen? Was ist das überhaupt? Oh, das weißt du ziemlich genau, wenn du es auch nicht unbedingt gleich erklären kannst. Denn du lebst ja jeden Tag danach, mehr oder weniger bewusst!

Ein Wert stellt die Qualität einer Sache dar, die ihr innewohnt oder zugesprochen wird, sie rechtfertigt oder erklärt ihren Preis. Die Werte, die ich an dieser Stelle meine, sind all jene Überzeugungen, von denen du glaubst, dass sie wertvoll, moralisch gut, erstrebenswert und wichtig für dich und/oder andere Menschen sind.

Es gibt sehr viele und sehr unterschiedliche Werte im Leben eines Menschen oder einer Gemeinschaft, sie sind nicht gemeingültig, sondern individuell: Jeder Mensch erwirbt diese Grundüberzeugungen um den Wert einer Eigenschaft oder Einstellung im Rahmen seiner Erfahrungen und deshalb ist jedes Wertesystem vielfältig bunt und einzigartig. Manchmal widersprechen sich die eigenen Werte, was innere Konflikte auslösen kann. Manchmal widersprechen auch die eigenen Werte denen der Gesellschaft, in der man lebt, was für Konflikte mit der Umwelt und den

Mitmenschen sorgt. Insbesondere in der unternehmerischen und beruflichen Welt prallen oft sehr unterschiedliche und widersprüchliche Werte aufeinander und sorgen für Chaos, Ärger, Unverständnis und Unstimmigkeiten.

Werte entspringen der Sozialisation und Erziehung, werden aber auch eigenständig erworben. Man kann sie bewusst verändern, wenn man den Wunsch danach verspürt oder durch eine äußere Situation dazu gezwungen wird. Zuweilen in einem langwierigen Prozess, der viel Geduld braucht. In anderen Fällen plötzlich, etwa durch ein unter die Haut gehendes oder traumatisierendes Erlebnis, und mit einer unfassbar intensiven Macht, die unser gesamtes Weltbild nachhaltig erschüttern kann. Werte sind nicht statisch, sondern fließend – aber in der Regel sind unsere inneren Überzeugungen eine recht stabile Sache, die einen bedeutenden Teil unserer Persönlichkeit ausmachen.

Zu den Werten zählen zum Beispiel Liebe, Sicherheit, Spaß, Macht, Ordnung, Toleranz, Glück, Disziplin, Ehrlichkeit, Erfolg, Nächstenliebe, Wohlstand, Freiheit, sinnliche Befriedigung, Gesundheit, Zuverlässigkeit, Gerechtigkeit, Selbstbestimmung, Abenteuer, Freundschaft, Weiterentwicklung, Treue, Intimität, innerer Frieden,

Spiritualität, Schönheit, Verständnis, Leidenschaft, Wahrhaftigkeit und viele andere mehr.

Wenn du Einstellungen und Meinungen vertrittst, die von denen der Menschen um dich herum abweichen oder wenn du Dinge tust, die anderen Menschen, aus welchen Gründen auch immer, nicht gefallen, dann kann dich das in eine Lage bringen, die sich nicht immer angenehm anfühlt. Das gilt umso mehr, wenn Werte oder Wertsysteme berührt werden!

Auf seinen eigenen Werten zu beharren, ist kein Spaziergang: Es können Konflikte in verschiedenen Eskalationsstufen auftreten. Es kann sein, dass du Vorteile einbüßt oder Verluste in Kauf nehmen musst. Du spürst, wie sich dir der sprichwörtliche Gegenwind entgegenstellt, und den auszuhalten ist schwer und kostet Kraft und Überwindung. Natürlich ist es bequemer und stressfreier, sich diesem Gegenwind nicht auszusetzen. Möglicherweise versuchst du gar, es vielen Leuten recht zu machen, ihnen nach dem Mund zu reden, ihnen genehm zu sein, ihnen keine Umstände oder Unannehmlichkeiten zu bereiten. Daran ist nichts Verwerfliches, im Gegenteil – du bist vermutlich ein sonniger, liebevoller und mitfühlender Mensch, der auf Ausgleich und Harmonie bedacht ist. Das ist gut und wertvoll für die Welt und hilft dir dabei, stabile und wertvolle

Beziehungen aufzubauen und zu pflegen. Manchmal schießt man aber weit über das Ziel hinaus, wenn man zu sehr die Anderen und zu wenig sich selbst und seine Wertvorstellungen im Blick hat. (Andersherum ist es übrigens auch nicht zu empfehlen, ideal ist eine gerecht verteilte Balance.)

Ehrlich eingestanden liegt es auf der Hand: Egal, was du tust und egal, wie sehr du dich bemühst, du kannst und wirst es niemals allen recht machen können! Freuen sich die Einen, nörgeln die Anderen! Löschst du einen Brand, löst du damit in einer anderen Ecke einen neuen aus. Gibst und gibst du, was immer du zu geben hast, bist du bald eine leere Hülle, die nichts mehr zu geben hat, weil das Gleichgewicht eines fairen Miteinanders empfindlich gestört ist, und das fühlt sich auch für die, die bisher fröhlich von dir nahmen, nicht gut an. Konflikte kann man vermeiden und verringern, aber der Preis dafür ist häufig unverschämt hoch und es ist sowieso fraglich, ob das immer der beste Weg ist, weil (fair ausgetragene) Konflikte zuweilen auch notwendig für Veränderungen und Weiterentwicklungen sind. Auch wird es – allen Friedensbemühungen zum Trotz - immer jemanden geben, der irgendetwas an dir und deiner Meinung zu meckern hat. Hierarchien leben auch davon, dass aus Prinzip Macht ausgespielt wird, um Überlegenheit zu demonstrieren.

Es gibt notorisch unzufriedene Nörgler, die einfach jammern und klagen wollen. Es gibt zu allen Themen auf der Welt unzählige Meinungen, die niemals unter einen Hut zu bringen sind. Es ist also nicht sehr realistisch, zu glauben, man könnte allen Problemen aus dem Weg gehen, wenn man sich nur gut genug anpasst! Und in letzter Konsequenz machst du es mindestens einem Menschen garantiert nicht recht – nämlich dir selbst!

Im Lauf unseres Lebens haben wir Wertvorstellungen, Überzeugungen und einen Blick auf die Welt gewonnen, die einzigartig in dieser Kombination sind. Sie speisen sich aus all unseren Erfahrungen, den guten und schlechten, den hilfreichen und den scheinbar überflüssigen. Sie bieten uns so etwas wie einen Grundstock, auf dessen Stelzen wir uns durch den Alltag bewegen, sie sind zuverlässig vorhanden und geben uns Halt und Orientierung. Manchmal stehen sie uns im Weg, vor allem, wenn sie sich widersprechen und wir uns im Inneren mit uns selbst nicht einig sind. Sie sind ein Stück weit aber auch nicht nur äußerer Rahmen, der uns durchs Leben leitet, sondern auch Identität. Sie verändern und verwandeln sich, ebenso, wie auch unsere Persönlichkeit sich entwickelt. Unser Ich trifft in Übereinstimmung mit unserem (stets wachsenden) Wissen Aussagen über die Welt und alle Themen, die uns tagtäglich begegnen. Fühlen, denken und tun wir Dinge, die mit unseren inneren Überzeugungen und Werten in Einklang stehen, fühlen wir uns wohl und selbstsicher – unseres Ichs sicher.

Fühlen, denken und tun wir etwas, das gegen unsere eigenen Werte verstößt, enttäuschen und misstrauen wir uns selbst. Das geschieht im Verborgenen und oft merken wir es nicht mal. Aber die Auswirkungen merken wir sehr wohl: Wir stehen nicht (mehr) hinter dem, was wir machen, nicht mehr hinter uns selbst. Wir sind verunsichert und fühlen Scham oder Schuld. Damit sind wir auch ein gefundenes Fressen für Manipulationsspezialisten, denn sie brauchen diese unsere schwache Stelle ja nur kräftig zu drücken und schon fallen wir um.

Bei jeder Meinung, die du äußerst und jeder Entscheidung, die du an den Tag legst, kannst du dir diese Fragen stellen:

1. Entspricht diese Meinung, Denkweise oder Handlung tatsächlich deinem inneren Selbst? Bleibst du deinen Werten treu, wenn du dies oder jenes tust? Stehst du unter echtem oder gefühltem Zwang? Treiben dich fremde Erwartungen oder Druck an? Oder bist du bei dieser Entscheidung tatsächlich im Reinen mit dir selbst?

2. Was wird es dich kosten, wenn du dich in diesem speziellen Fall selbst verrätst, dir untreu wirst, dir in den Rücken fällst? Bist du bereit, diesen Preis zu zahlen oder erscheint es dir vielleicht sogar attraktiver und sinnvoller, mal den Weg des Widerstands zu gehen, um eins deiner eigenen Ziele zu erfüllen und deine Werte zu bewahren?

Beantwortest du dir diese Fragen in jeder Situation, in der sie sich stellen, so aufrichtig du kannst, dann wirst du einen festen inneren Stand bekommen, eine Stabilität, die dir durch alle Herausforderungen und Probleme hilft und dafür sorgt, dass du die Dinge in den Griff bekommst, wie schwer und herausfordernd sie manchmal auch sein mögen.

Nicht immer ist es möglich und sinnvoll, auf seiner Meinung zu beharren. Sicherlich steht in der Realität oft ein Kompromiss am Ende einer Auseinandersetzung, was bedeutet, dass auch du hin und wieder Federn lassen musst, jedenfalls ein bisschen. Im Lauf unseres Lebens und mit wachsenden Erfahrungen dürfen und sollen wir ja auch unsere Einstellungen von Zeit zu Zeit überdenken, verändern und anpassen. Entscheidend ist aber, mit welcher Grundhaltung du durch dein Leben gehst und welche grundlegenden Werte deine innere Sicht auf die Welt am stärksten beeinflussen:

- Kennst du deine wichtigsten Werte, jene, die dich leiten und führen, die dir am kostbarsten sind?

- Lebst du im Alltag nach diesen Werten? Ordnen sich ihnen deine Handlungen unter?

- Spürst und erkennst du, wenn du dabei bist, gegen einen Wert zu verstoßen, der dir viel bedeutet? Dein Körper kann dir darüber viel Aufschluss geben, wenn du das Gefühl hast, die Botschaften von Geist und Seele nicht zu verstehen oder wahrzunehmen. Unbestechlich zeigt er dir mit Beschwerden und Auffälligkeiten, ob alles im Lot in deinem Leben ist oder ob irgendetwas in eine falsche Richtung läuft. Vertraue ihm und nimm dir die Zeit, auf seine Botschaften zu hören.

Ein Beispiel:

Jemand versteht sich selbst als harmoniebedürftige, mitfühlende Person, die gern hilft und ein großes Gerechtigkeitsempfinden hat. Eine solche Person wäre wohl in einer Non-Profit-Organisation beruflich gut aufgehoben. Tatsächlich arbeitet sie aber in einer Versicherungsfirma, die den arglosen Leuten nutzlose und teure Verträge aufschwatzt. Glaubst du, diese Person kann ein glückliches und ausgeglichenes Leben führen?

Vielleicht richtet sie ihre Berufswahl nach dem Wert „Sicherheit" aus, weil der Job für ein gutes und festes Einkommen sorgt, mit dem man eine Familie ernähren und nach außen hin glänzen kann. Aber wenn der wichtigste Wert dieser Person eigentlich „Mitgefühl" oder „Fairness" ist, dann wird sie ihre Arbeit nur sehr ungern und vermutlich auch nicht besonders erfolgreich erledigen. Jeden Tag, wenn sie sich ins Auto setzt, um zu ihren Kunden zu fahren, wird sie sich schlecht fühlen, vielleicht erschöpft oder sogar krank. Sie wird kein erfülltes Leben haben und kein materieller Trost der Welt wird diese Wunde heilen, welche die permanente Verletzung ihrer eigenen Werte ihr schlägt.

Unsere Werte sind etwas, das sich nicht ignorieren lässt. Früher oder später werden wir

Signale erhalten, wenn wir gegen unsere Natur agieren und dann wird die Frage nach dem eigenen Lebenssinn umso drängender. Menschen, die ihr Leben weitgehend im Einklang mit ihren Werten gestalten, stehen stabiler und fester in ihrem Leben und stecken auch Rückschläge viel besser weg. Denn wenn wir wissen, wer wir sind, wofür wir stehen und einstehen, was uns wichtig ist, welche Sterne uns leiten – dann kennen wir auch die grundlegenden Richtungen, in die wir gehen können. Und wir wissen um unsere Bedeutung und deren Kostbarkeit.

Wichtig ist es auch, zu wissen und rechtzeitig zu erkennen, wenn unsere eigenen Werte zu einem Thema sich im Widerstreit befinden, dann fühlen wir uns nämlich besonders hin- und hergerissen und können uns unter Umständen regelrecht gelähmt vorkommen und innerlich verkrampfen. In unserem Beispiel wäre das der Fall, wenn die Person zwar Gerechtigkeit und Mitmenschlichkeit sehr wichtig findet, aber gleichzeitig die Sicherheit und solche Dinge wie Status, Prestige und eine hohe Identifikation durch den Job und dessen Anerkennung hoch ansetzt. Sie wird in diesem Fall immer in dem Spannungsfeld ihrer widersprüchlichen Werte herumgeworfen wie ein Spielball, kann sich dann weder voll und ganz ihrer Arbeit widmen noch sich endgültig von ihr abwenden. In einer solchen Situation gilt es, eine Priorisierung vorzunehmen: *Nach welchen Werten möchte ich leben? Und welche meiner Werte stehen an erster Stelle?*

Sich eine eigene Meinung zu bilden ist ein Prozess, der sich immer in Bewegung befindet. Er kann alle möglichen Themen umfassen und für Verwirrung sorgen. Haben wir für uns Werte festgelegt, nach denen wir uns richten wollen, stärken wir sowohl unser Identitätsgefühl als auch unsere Entscheidungs- und Durchsetzungsfähigkeit. Wir sollten im Spiel des Lebens auf eine lockere, unverkrampfte Art mitwirken und neugierig bleiben! Unser bester und fähigster Ratgeber ist jedenfalls in allen Dingen unsere Seele. Wenn du neugierig und offen bist und darüber hinaus bei allen wichtigen Dingen deine innere Stimme um Rat fragst, kannst du eigentlich kaum je etwas wirklich falsch machen. Manchmal wirst du deine Meinung ändern, weil jemand die besseren Argumente hat und dich überzeugt. Manchmal wirst du bei deiner eigenen Meinung bleiben, weil sie deine Werte widerspiegelt. Probiere aus, wann und in welcher Situation das ein oder andere sich passender anfühlt! Habe keine Angst dabei – du bewegst dich immer vorwärts, auch dann, wenn es sich anfühlt, als würdest du rückwärts kriechen. Und handle nie in Eile oder unter Druck!

Nimm dir immer und überall das Recht heraus, über genug Zeit zum Nachdenken zu verfügen und gegebenenfalls eine Entscheidung zu vertragen.

Nutze gern dein Notizbuch, um dir über deine ganz persönlichen, eigenen Werte klar zu werden und darüber, wie du sie konkret in deinem Alltag als Leitstern nutzen willst. Sortiere sie nach Wichtigkeit – dabei gibt dein Bauchgefühl dir bestimmt Aufschluss. Überlege dir einen Handlungsrahmen, in dem du sie künftig anerkennen und berücksichtigen willst. Diese Übung kannst du immer und jederzeit erweitern. Je besser du dir selbst auf den Grund gehst, umso stimmiger und erfüllter wird dein Leben werden.

Menschen, die ihren Alltag, ihre Entscheidungen, Handlungsweisen, Beziehungen und Abläufe so gestalten, dass sie sich mit ihren Werten im Einklang befinden, haben es nicht nur leichter und gehen nicht nur selbstsicherer durchs Leben: Wer sich auch in Kleinigkeiten, vor allem aber bei den großen Fragen nach seinen Werten ausrichtet, lebt vor allem authentisch, (was im übrigen selbst auch ein bedeutender Wert ist). Er trägt ohne Furcht und Zweifel den inneren Kern seiner Persönlichkeit nach außen und wirkt damit auf seine Mitmenschen lebendig, charismatisch, glaubwürdig, anziehend, sogar leuchtend. Vielleicht ist man mit ihm nicht immer einer Meinung, aber man wird einen solchen Menschen respektieren, weil seine Art, sich zu zeigen und zu äußern, diesen Respekt wie selbstverständlich hervorruft. Vielleicht bewundern wir ihn oder sie sogar ein bisschen und wünschen uns, selbst etwas mehr von dieser Strahlkraft zu besitzen!

Dabei ist es ganz einfach – Besinne dich auf das, was dich ausmacht und gib der Welt etwas davon, indem du es nicht länger versteckst! Menschen, die so leben, sind in unserer heutigen Welt voll des schönen Scheins, des Lugs und Betrugs, der Selbstinszenierung und Selbstoptimierung ein wahrer Segen, eine Erholung für Geist und Seele, ein Vorbild und Pionier! In unserer digitalisierten Wirklichkeit stellen solche Menschen eine große Kostbarkeit und eine zunehmende Seltenheit dar. Denn sie sind es, die der Welt ihre Tiefe und dem Leben seinen Sinn verleihen! Sie bringen Gutes in ein Umfeld, das zunehmend kompliziert, oberflächlich und seelenleer wird. Sie sorgen auf eine unverwechselbare Art in dem Rahmen, der ihnen möglich ist, dass wichtige Werte, die allen Menschen dienen, ihren Platz in der Menschheit nicht einbüßen.

Die eigenen Werte und Überzeugungen stellen einen wichtigen Kompass für unsere alltägliche Lebensgestaltung dar. Nehmen wir diesen Fakt ernst und setzen wir ihn auch im hektischen und stressigen Alltag um, dienen wir unserem Selbst auf allen Ebenen: Wir füllen unser Selbstbild mit lichtvollem Glanz. Wir steigern ganz ohne Mühen unser Selbstvertrauen. Wir tragen zur Selbstfürsorge bei. Wir zelebrieren Selbstliebe auf eine der schönsten überhaupt vorstellbaren Weisen. Und wir nützen damit im besten Fall noch Umwelt, Natur, der Menschheit und dem Planeten.

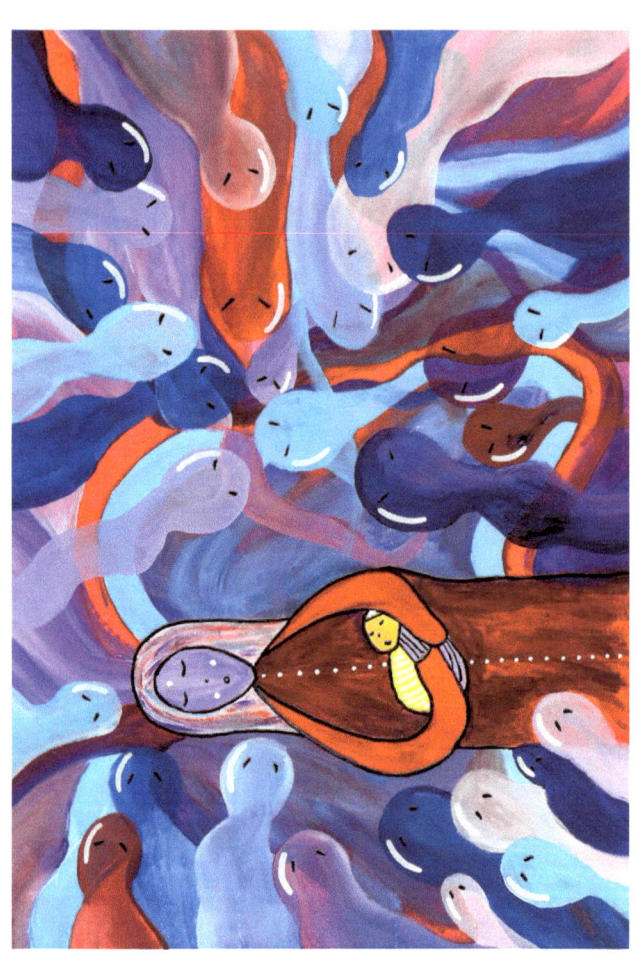

Geborgen
Sorge gut für dich.
(Collage)

Trau dich einfach mal!

Angst in Mut verwandeln

Angst ist eine der Grundemotionen und sie hat keinen besonders guten Leumund: Sie zählt zu jenen Emotionen, die häufig abgelehnt und sogar verteufelt werden. Dabei stellte sie im Lauf der Evolution einen äußerst wirksamen Schutz dar, der für das Überleben unserer Spezies gesorgt hat: Ohne Angst wären unsere Vorfahren vor keinem wilden Tier rechtzeitig geflüchtet und hätten vermutlich so viele Bedrohungen und Gefahren ignoriert oder übersehen, dass wir längst ausgestorben wären.

Wie alle Gefühle äußert Angst sich in einem wilden Hormoncocktail und körperlichen (zuweilen unangenehm empfundenen) Reaktionen: Herzrasen, Schwitzen, Zittern, Atemnot, Brustenge, Schwindel. Die Angst kommt nicht auf sanften Pfoten, sondern kann eine ziemlich einschüchternde Performance an den Tag legen. An den körperlichen Symptomen erkennt man sie – aber im Grunde ist das auch schon das Einzige, was sie kann: Den Herzschlag beschleunigen, die Schweißdrüsen anfeuern, scheußliche Gedanken und Gefühle hervorrufen, die man gern vermeiden würde. Zugegeben, die Angst kann sich auch wie eine ungezähmte Wildsau gebärden: Sie kann sich zur Panik steigern, sie kann irrational und über Gebühr beherrschend werden, sie kann uns in ihren verschiedensten Ausprägungen derart hemmen, dass wir nicht mehr dazu in der Lage sind, unser Leben wie gewünscht zu führen oder der Mensch zu sein, der wir eigentlich sind. Sie kann uns überwältigen und überrollen, aber letztlich ist sie nichts anderes als ein Gefühl, das körperliche Auswirkungen nach sich zieht, die früher oder später wieder abflachen. Auch, wenn mancher Spinnenphobiker vielleicht etwas Anderes behaupten würde: Umbringen kann sie uns nicht!

Über Angst sind schon viele Bücher geschrieben worden und das Internet ist voll von Informationen. Deshalb will ich mich für dieses Büchlein, das ja eher ein freundschaftlicher Austausch als ein Lehrwerk sein soll, auch nur auf die grundlegendsten Fakten beschränken und deinen Blick in eine ganz andere Richtung lenken:

Was wäre, wenn die Angst deine Freundin wäre?

Wenn die Angst deine Freundin wäre, dann könntest du sie als gute Bekannte freundlich begrüßen, wenn sie auftaucht, anstatt zu erstarren und den Zugriff auf die Vernunft zu verlieren. Du könntest ihre Mitbringsel auf körperlicher Ebene nachsichtig lächelnd aushalten, solange sie wie ein Sturm über dich hinwegfegen und danach, wenn du dich beruhigt hast, das Wort an sie richten, um ihre Botschaft, die sie dir mitgebracht hat, zu vernehmen. Du könntest anerkennen, dass sie versucht, dich vor Gefahren zu schützen und auch, wenn ihre Mittel dir zuweilen unpassend erscheinen, sie ihr Bestes dafür gibt. Du könntest sie akzeptieren, vielleicht sogar auf eine Art liebgewinnen, weil sie eigentlich nur deine Unversehrtheit im Sinn hat – und weil du erkennst, dass ein ewig altes Überlebensprogramm in dir automatisch abläuft, sobald du eine Gefahr witterst, dafür kann sie ja schließlich nichts! Wenn sie sich allzu wild gebärdet, kannst du sie höflich, aber bestimmt, in die Schranken weisen und ihr zeigen, wer der eigentliche Herr oder die Herrin im Hause ist. Du kannst sie umarmen und mit ihr leben – trotz der Angst oder vielleicht sogar etwas intensiver, gerade WEIL es sie zuverlässig in deinem Leben gibt.

Eins ist auf jeden Fall sicher: Die Angst, die eigentlich deine Freundin sein möchte, wird sich durch Kampf niemals geschlagen geben. Je stärker und widerwilliger du gegen sie angehst, umso aufdringlicher und ungezähmter wird sie dich belästigen. Du musst Frieden mit ihr schließen, wenn du sie zähmen willst – und das ist die

Voraussetzung, um auch mit ihr im Schlepptau ein Leben zu führen, das deinen Vorstellungen entspricht und für dich ganz persönlich Sinn macht.

Und sie ist ja auch nicht schlimm, die Angst! Nicht einmal ungewöhnlich! Jeder kennt sie, sie sucht uns alle von Zeit zu Zeit heim, wobei die Auslöser sehr unterschiedlich und auch die Ausprägungen durchaus individuell sein können. Sie ist nichts Besonderes und schon gar nichts Schockierendes. Sie kann etwas lästig und unangenehm sein, aber irgendwie ist sie doch auch eine vertraute, stabile Institution, fest verankert in unserem Selbst und unserem Außen. Sie ist wie ein nerviges Familienmitglied, über das jeder ein bisschen lästert, das im Grunde seines Herzens aber niemand missen will, weil sonst das Leben spürbar leerer wäre. Und gefährlicher ohne ihre Warnhinweise!

Auch über den Umgang mit Gefühlen ist viel geschrieben und diskutiert worden. Gefühle entstehen aus Gedanken, also aus der Frage, wie wir eine Situation bewerten. Angstgefühle entstehen aus einer negativen Bewertung, die uns eine Bedrohung signalisiert. Manchmal ist diese Gefahr real und die Angst damit berechtigt. Dann ist sie ein wichtiger Signalgeber, der uns mahnt, uns besser zu schützen, unsere Grenzen zu wahren und für unsere Bedürfnisse einzustehen, zum Beispiel, wenn wir ausgenutzt oder schlecht behandelt werden oder in einem Bereich unseres Lebens Nachteile erdulden müssen, gegen die wir uns nicht zu wehren trauen. Selten ist die Gefahr sogar von ganz echter, körperlicher Art, etwa, wenn wir nachts allein durch einen Park laufen und spüren oder hören, dass eine Person und verfolgt, die uns vielleicht Böses will. Diese berechtigte Angst zu ignorieren kann fatal sein – sie sollte tunlichst ernst genommen werden.

Viele andere Ängste jedoch sind irrational, sinnlos, wenig zielführend, irritierend, störend. Sie sind angelerntes dummes Zeug, das unser Denken vernebelt und unser Handeln verfälscht. Sie können uns im Weg stehen, wenn wir eigentlich nach unseren Werten leben wollen. Aber sie sind in Wahrheit ohne Substanz: Diese Ängste sind wie spukende, Furcht und Grusel auslösende Gestalten, die uns die ganze Nacht über nicht schlafen lassen, sich am Licht des Tages aber als knitterige Betttücher entpuppen, die uns aufgrund ihrer Harmlosigkeit nicht ein einziges Haar zu krümmen vermögen.

Weil Ängste aus unseren Gedanken erwachsen, können wir auch an diesem Punkt ansetzen, um sie in den Griff zu bekommen oder von vornherein zu verhindern: Wir können eine Situation neu und anders bewerten als zuvor. Wir können einen anderen Standpunkt ein- und einen Perspektivenwechsel vornehmen. Wir können uns unseren Ängsten stellen, indem wir TROTZDEM handeln, MIT ihnen an unserer Seite, mit dieser ungeliebten Freundin, die sich niemals endgültig vertreiben lässt, uns aber auch nicht wirklich schaden will.

Es heißt, mutig sei jemand, der trotz seiner Angst handelt. Das ist wohl wahr, weil wir, wie wir gesehen haben, die Angst sowieso nicht weghexen können und das auch gar nicht sollten, da sie unter Umständen berechtigt und sinnvoll sein kann.

Erkennen wir sie also an! Erkennen wir auch, was sie in uns auslöst. Geben wir ihr den Stellenwert, der ihr zusteht: Nicht *un*wichtig, sodass wir sie bewahren sollten. Nicht *zu* wichtig, sodass wir sie auch nicht überbewerten sollten. Ängste, die uns vereinnahmen, klauen unsere Energien und machen uns handlungsunfähig. Ängste, die wir ignorieren, verdrängen oder verleugnen, suchen sich penetrant ihren eigenen Weg in unsere Psyche und können leicht zu riesigen Hindernissen anwachsen. Ängste aber, die wir realistisch und mutig betrachten, vielleicht sogar mit einer gewissen Neugier und Offenheit, und die wir akzeptieren, ohne uns von ihnen überrollen zu lassen, können wir in Schach halten, manchmal sogar positiv für uns verwenden. Biologisch gesehen bereitet uns die Angst angesichts einer (echten oder eingebildeten) Gefahr auf eine Flucht oder einen Kampf vor. Können wir diese Energien und Ressourcen, die sie uns zur Verfügung stellt, nicht nutzen?

Beobachten wir unseren Körper, stellen wir fest, dass die Symptome ansteigen, einen Gipfel erreichen und danach wieder nachlassen. Das wird zuverlässig immer so sein, denn so agiert Angst. Kein Hit, aber auch kein Drama! Kannst du lernen, damit zu leben? Akzeptanz ist der erste und wichtigste Schritt. Sieh, dass die Angst da ist und sieh, was sie mit dir macht. Und dann tue trotzdem, was immer du tun wolltest. Lass dich nicht beirren und nicht aufhalten.

Um das Wesen deiner Angst besser zu verstehen und besser beherrschen zu können, beobachte die Gedanken, die hinter deinen Ängsten stecken: Wann und wo wurden sie dir eingegeben und von wem? Sie sind sie heute noch gültig? Sind sie real? Und, am wichtigsten: Sie sind nützlich und dienlich für dich und dein Leben? Falls sie das nicht sind, ist es an der Zeit, sie anzupassen! Das wird sich auch auf deine Ängste auswirken: Du kannst mehr wagen und je mehr du ausprobierst und je mehr erfolgreiche, positive Erfahrungen du sammelst, umso stärker wird dein Mut wachsen.

Tipps zum Umgang mit Ängsten:

- Lerne deine Ängste kennen. Notiere Situationen, Menschen und Momente, die dir Angst machen. Ergründe, welche Gedanken diesen Ängsten zugrunde liegen und schreib deine inneren Programme um, indem du eine Neubewertung vornimmst. Dafür eignet sich natürlich dein Notizbuch. Bewerte realistisch, bewerte mit innerer Distanz. Lass dich nicht fangen von dem Gespenst, sondern entlarve es als Bettlaken!
- Stelle dich deinen Ängsten. Anstatt in Kampf-, Erstarrungs- oder Fluchtmodus zu verfallen, (was ganz natürlich wäre, dir aber ja nicht weiterhilft), bleibe handelnd und aktiv! Das wird dir leichter fallen, je öfter du es umsetzt: Es ist wie mit einem Muskel, der trainiert und gestärkt werden kann. Ein gut trainierter Angstmuskel verleiht dir Selbstsicherheit und Selbstvertrauen. Es lohnt sich also, die eigenen Ängste zu nutzen, um selbstsicherer zu werden, indem man die Opferrolle

verlässt und sich die Butter nicht mehr vom Brot klauen lässt.
- Bewerte deine Angst nicht über. Stelle bewusst deine abgerissene Verbindung zur Vernunft wieder her, sobald das möglich ist, und bleibe aktiv und so gelassen, wie es dir möglich ist. Angst ist weder selten noch ungewöhnlich. Sie ist nur ein Gefühl und Gefühle kommen und gehen.
- Eine tiefe Atmung und dich selbst aufmerksam zu beobachten hilft in akuten Situationen. Mache dir klar, dass die Angst selbst ungefährlich ist, sie wird wieder abflauen und verschwinden. Du bist ihr nicht ausgeliefert, es bleiben immer Handlungsoptionen, auch, wenn es sich für den Moment nicht so anfühlen mag.
- Beschreibe (schriftlich) oder male deine Angst. Sei kreativ, drück dich aus oder lass Farben sprechen. Du kannst ihr leichter deine Akzeptanz schenken, wenn sie eine Gestalt und ein Gesicht hat. Du kannst ihre Botschaften (Wovor genau will sie dich eigentlich beschützen?) besser wahrnehmen, wenn du sie gut kennst! Denk daran, sie könnte auch deine Freundin sein!
- Erkenne die positiven Seiten deiner Angst und ihre guten Absichten an. Wie alles im

Leben ist auch die Angst nicht nur „böse" und „schlecht", vielmehr ist es kaum möglich, Gefühle überhaupt in diesen trennenden Dualitäten zu beschreiben, weil sie dafür viel zu komplex sind und komplexe Vorgänge auslösen, die eine allzu einseitige Betrachtung zu Unrecht negiert. Alles, was uns positiv erscheint, hat auch eine nachteilige Seite. Alles, was negativ ist, einen hilfreichen Kern. Die körperlichen Symptome der Angst ähneln in weiten Teilen denen einer freudigen Aufregung, der einzige Unterschied dazu ist unsere eigene Bewertung! Wenn du das nächste Mal Angst verspürst, frage dich, ob du sie nicht vielleicht ein bisschen in eine aufgewühlte Aufgeregtheit verwandeln kannst, indem du sie in ein positiveres Licht rückst.
- Gestehe dir Ängste zu: Unsere Welt ist eine unsichere und unberechenbare Umgebung und das Leben hat zuweilen seltsame oder sogar groteske Überraschungen parat, die man nicht cool weglächeln oder geil finden muss. Wir sind immer und ständig von möglichen Gefahren bedroht: Krankheiten, Kriege, Umweltkatastrophen, Terror, der mögliche Verlust

geliebter Menschen, berufliche und finanzielle Unsicherheit, Konflikte aller Art, nicht selten sogar von Gewalt gezeichnet – es gibt unzählige Bedrohungen, die uns im Leben überfallen könnten, ohne, dass wir viel Einfluss darauf haben. Und es kommt durchaus vor, dass sie uns in eine Lage bringen, die wir uns nicht einmal in unseren gruseligsten Albträumen hätten ausmalen können.

Die Erfahrung von Ohnmacht, Hilflosigkeit und der eigenen, sehr eingeschränkten Macht kann erschüttern und schockieren. Furchtbare oder schlimme Dinge geschehen auf der Welt und manchmal passieren sie UNS. Davor darf man Angst haben und man ist gewiss damit nicht allein! Es wäre aber falsch und sinnlos, sich davon so lähmen zu lassen, dass man nichts mehr wagt und das Leben nur noch als einzigen großen Angstauslöser betrachtet! Zum einen treten viele Befürchtungen doch nicht ein und dann sorgt und ängstigt man sich ein Leben lang umsonst und verpasst darüber den Genuss und die Freude. Zum anderen sind sie, wenn sie tatsächlich erfolgen, nicht zwangsläufig immer schlecht für uns, wie wir manchmal

erst viel später bemerken, wenn wir zurückblicken und reflektieren. Schon allein aus diesen Gründen sollten wir unseren Ängsten nicht aus dem Weg gehen, ihnen aber auch keine unmenschliche Größe zugestehen.
- Körperlichen Stressauswirkungen, die eben auch durch Angst entstehen, ist mit Bewegung und Sport gut beizukommen, weil dies die ausgeschütteten Stresshormone (schneller) abbaut. Lauf deinen Ängsten davon, tauch im Schwimmbecken vor ihnen ab oder walze sie auf deiner Yogamatte platt.
- Verweise deine Angst in ihre Schranken. Keine Dramen! Keine Horrorszenarien! Es sind nur Gefühle! Emotionen sind wie unartige kleine Monster, die wild und ungebändigt herumwirbeln. Sie brauchen Regeln – und diese Regeln setzt DU für sie fest! Zeig ihnen, wo es langgeht!
- Bedanke dich auch gern mal bei deiner Angst, denn sie zeigt dir sehr deutlich und klar, worauf es dir im Leben wirklich ankommt. Sie hilft dir, deine eigenen Werte festzustellen und als Leuchtturm in deinem Leben zu etablieren! Wenn du dich etwa über Gebühr davor fürchtest, in einer

Gruppe von Menschen dein Gesicht zu verlieren, dann zeigt das viel von deinem Wunsch, zu anderen Menschen zu gehören und fordert dich dazu auf, dir ein stabiles, verlässliches Netzwerk zu schaffen. Wenn du panische Angst vor der Möglichkeit verspürst, deinen Job einzubüßen, obwohl dieser dich ganz und gar nicht ausfüllt, sondern vielleicht sogar der blanke Horror ist, dann sagt dies viel über deinen Wunsch nach sicheren Lebensbedingungen und Wohlstand aus und die Sicherheit als Wert übersteigt für den Moment deine Sehnsucht nach Freiheit, Abenteuer oder Unabhängigkeit. Indem du dir deine Ängste ansiehst und von ihnen erzählen lässt, wo du stehst und was du fürchtest, erkennst du deine Prioritäten und kannst dich entsprechend für sie ins Zeug legen.
- Tröste dich in einem angstvollen Moment damit, dass Dinge sich immer ändern. Nichts bleibt, wie es ist! Das kann ein trauriger oder selbst angstauslösender Fakt sein, nämlich dann, wenn wir uns in etwas verbeißen und nicht loslassen wollen oder können. Es bedeutet im Umkehrschluss aber auch viel Erleichterung und Freiheit,

weil es immer und jederzeit die Chance auf einen Neubeginn verspricht.
- Du wirst mit allem fertigwerden. Vertraue auf deine Stärke, deine Fähigkeiten, deine Persönlichkeit, dein Können, deine Anpassungsfähigkeit. Du hast schon frühere Herausforderungen gut gemeistert und du lernst immer dazu, auch, wenn du das manchmal gar nicht so deutlich merkst. Du wirst auch diesen Moment überstehen und diese Angst bezwingen, denn dein Geist, deine Seele und dein Körper bilden ein unschlagbares Trio, das allem, was ihm begegnet, die Stirn bieten kann! Lerne, die kleinen Monster zu beherrschen und sie werden ihren Schrecken verlieren.
- In dir existiert ein unberührbarer, unverletzbarer, immer leuchtender Kern, der niemals zerstört werden kann. Er kann dir als Kraftwerk und Sicherheit dienen, auch dann, wenn Ängste übermächtig werden oder dir das Leben ein besonders hässliches Gesicht zeigt. In deinem innersten Zentrum bist du unangreifbar und es gibt nichts und niemanden, der dir dieses Zentrum nehmen kann.

Zurück zur „Freundin Angst": Auch von der liebsten und freundlichsten Freundin, (und das ist die Angst bei allem Wohlwollen nun doch eher nicht), braucht man hin und wieder eine Pause! Sich angstfreie Räume im Leben zu schaffen kann eine große Bereicherung sein. Du findest angstfreie Räume in Gegenwart aller Menschen, bei denen du vertrauensvoll deine Maske fallen lassen und du selbst sein darfst. Du findest sie bei allen Tätigkeiten, die dir frei von Druck und Erwartungen einfach nur Freude bereiten und dich ausfüllen. Du findest sie immer dann, wenn du keine Rolle spielst, keine Leistung um der Leistung Willen bringst und nicht mehr darüber nachdenkst, was jemand von dir denken könnte. Du findest sie, wenn du bei dir selbst bist und deine innere Stimme vernimmst. Und wenn du dich in diesen inneren Räumen befindest, dann hat die Angst keinen Zutritt – sie bekommt schlicht und einfach ihren Fuß nicht in die Tür.

Hinweis:

Wenn du eine klinische Störung im Angstspektrum hast, nützen meine Tipps dir nichts, sie können dir sogar schaden. Hole dir besser professionelle Unterstützung bei einem Arzt oder Therapeuten.

Etwas wagen
Erkenne auch mal neue Seiten an dir.
(Alkoholmarker)

Nutze deine Energien!

Wut als Helfer und Ratgeber

Noch so eine menschliche Basisemotion, die niemand sonderlich gern mag! Sie sorgt für ablehnend verzogene, missbilligende und verkniffene Gesichter, für mit Eiseskälte und viel Willenskraft unterdrückte Gefühle und für Abscheu in jeder Hinsicht: Nein, Wut ist überhaupt kein gern gesehener Gast! Wir finden sie aufdringlich, unattraktiv und sogar bedrohlich, sowohl bei Anderen, als auch bei uns selbst! Auf ihre ganz eigene Weise ist die Wut sogar noch weniger gesellschaftsfähig als ihre unangenehmen Geschwister *Schuld*, *Scham* und *Angst*.

Liegt es daran, weil ihr eine unglaubliche, sogar maximal zerstörerische Kraft inne liegen kann? Eine, die die Welt aus den Angeln zu heben oder alles zu zerstören vermag? In der Tat kann Wut, wenn sie allzu hemmungslos ausgelebt wird, in Körper und Seele viel Schaden anrichten, Beziehungen unrettbar kaputtmachen, Wertvolles in Schutt und Asche legen. Ihr kann etwas durchaus Unkontrollierbares anhaften, das Angst und Unbehagen auslöst und jeder Choleriker kann ein Liedchen davon pfeifen, wie seine unbeherrschbaren Wutanfälle wieder und wieder den Körper, die Seele und das Umfeld belasten und vielleicht sogar Folgen nach sich ziehen, die nachher bitterlich bereut werden. Menschen, die sich von ihrer Wut leiten und dirigieren lassen, schaffen Probleme, die an die Substanz gehen können und nicht immer leicht wieder aus der Welt zu schaffen sind. Aus diesen Gründen hat die Wut keinen besonders guten Ruf: Ausrasten ist etwas, das man „einfach nicht tut", wenn man als souverän, kompetent und erwachsen (im Sinne von reif) wahrgenommen werden will. Wer möchte schon als tobender Giftzwerg abgestempelt oder als gnadenloser Wüterich gefürchtet werden?

Bei Menschen mit geringem Selbstwertgefühl ist das ungehemmte Ausleben von Wut mit all ihren körperlichen und sozialen Begleiterscheinungen allerdings eher selten ein Problem! Vielmehr leiden sie unter einem Mangel an Biss, der ebenfalls negative Konsequenzen nach sich ziehen kann: Eigene Grenzen werden nicht gesetzt, nicht kommuniziert oder nicht durchgesetzt, persönliche Bedürfnisse werden ignoriert oder verleugnet, die Lebensgestaltung wird letztendlich in weiten Teilen von anderen Menschen übernommen, weil kleine, in die Ecke gedrängte Mäuschen und Mäuseriche weder ihre Stimme erheben, noch Macht über ihren eigentlich eigenen Entscheidungs- und Gestaltungsspielraum einfordern. Um des lieben Friedens Willen oder aus Angst schlucken sie – oft mehr, als sie verdauen können.

Manchmal entlädt sich ein solch ungesunder Umgang mit Wutgefühlen in plötzlichen, völlig überzogenen Explosionen, die für Unverständnis und Entsetzen sorgen, weil der Prozess für Außenstehende schwer nachzuvollziehen ist. Viel häufiger aber werden die verleugneten und verdrängten Aggressionen nach innen – gegen sich selbst – gerichtet und sorgen dort für immensen Schaden. Es gibt die abenteuerlichsten Varianten, wie man sich selbst verletzen kann und Menschen, die sich von ihrer Wut soweit distanziert haben, dass sie sie nicht mehr spüren und demzufolge auch nicht mehr nach außen zeigen können, werden häufig an Körper und/oder Seele krank. Sie können erstarren und den Zugang zu ihren Gefühlen völlig verlieren, was in einer Depression enden kann. Sie können ein Leben führen, das (unbewusst) auf Manipulation und Zerstörung des eigenen Ichs ausgerichtet ist.

Fakt ist: Auch Wut ist „nur" ein Gefühl, keine Naturgewalt, der man hilflos ausgeliefert ist. Aber wenn man sich ihr nicht stellt und sie für sich nicht nutzt, dann gibt sie Vollgas und walzt alles platt, was ihr in die Quere kommt. Oder sie zieht sich tief ins Unterbewusstsein zurück und mutiert dort zu einem Monster, das tatsächlich nicht mehr kontrollierbar ist und sich auf Weisen ausdrückt, die sehr unangenehme Folgen nach sich ziehen. Solche im Verborgenen wachsenden und wühlenden Ungetüme überfluten uns sinnlos mit Stresshormonen und sind daher nicht wirklich hilfreich, vor allem, weil wir von ihren positiven Aspekten kein bisschen profitieren.

Um nicht an einen solchen Punkt im Leben zu gelangen, der womöglich sogar eine psychische Störung oder eine handfeste körperliche Krankheit zur Folge haben kann, ist ein achtsamer und bewusster Umgang mit eigenen Wutgefühlen wichtig. Wir sollten unsere Wut kennenlernen, uns mit ihr aussöhnen und sie für uns nutzen!

Wut ist nämlich nicht nur ein unangenehmes Gefühl, das außer Kontrolle geraten kann und nicht gern empfunden wird. Sie kann auch ein Freund und Ratgeber sein, denn sie hat ein wunderbares Geschenk für uns dabei! Schon an den körperlichen Begleiterscheinungen von Wut ist es deutlich zu erkennen: Wut ist reinste, stärkste und schönste Form von Energie! Sie bringt, wenn man es richtig anstellt, ins Handeln! Sie schützt uns vor Ungerechtigkeiten und Angriffen! Sie gibt uns die Kraft und den Mut, für uns und unsere Liebsten einzustehen, uns zu verteidigen, für unsere Ziele und Wünsche zu kämpfen! Wut ist das Gegenteil von Lethargie und Rückzug, sie ist die Aufforderung, stolz den Kopf zu heben und in Schlachten zu ziehen, die unser Leben verbessern können!

Es gibt ein paar kleine Regeln zu beachten, aber wenn du es schaffst, deine Wut auf gesunde Weise auszuleben, statt sie ins Dunkle deines Unterbewusstseins zu verbannen, dann wird sie dich verändern und viel für dich erreichen! Gelingt es dir, dich, begleitet von Vernunft und Besonnenheit, mit der dir innewohnenden Wut zu verbinden, wirst du mehr erreichen, als du dir selbst hättest vorstellen können. Und das Beste ist: Je mehr du auf diese Art erreichst, umso stärker wird wiederum auch dein Selbstvertrauen wachsen. Du wirst dich zunehmend als handlungsfähig und innerlich stark wahrnehmen und mit jedem kleinen Erfolg, den deine Wut dir beschert hat, wachsen. Dieses Selbstbewusstsein wird authentisch sein. Es hat nichts mit dem tobenden Giftzwerg oder dem gefürchteten Wüterich gemein und es leidet nicht unter einer unangenehmen Bindung zu den Kumpels Scham und Schuld. Es wird gespeist aus einer starken Kraft, die dir innewohnt, die dein Bestes will und die jederzeit für dich anzapfbar ist, wenn du sie brauchst.

Tipps zum Umgang mit Wut:

- Akzeptiere zunächst einmal, dass die Wut existiert. Sie ist ein Gefühl, das du nicht fürchten und ablehnen musst. Sie hat positive Seiten. Sie kann beherrscht und genutzt werden. Sie wird ansteigen, ihren Höhepunkt erreichen, wieder abflauen. Sie bleibt nicht ewig.
- Wenn du deine Wut in deinem Körper nicht mehr spürst, weil du sie schon lange verdrängst, dann mache dich zunächst auf die Suche nach ihr: Bei der nächsten Gelegenheit, wenn jemand oder etwas dich so richtig ärgert, nimm dir Zeit, um in dich zu gehen, dich auf deinen Körper zu konzentrieren und einmal richtig in dich hineinzuspüren: Wie und wo empfindest du deine Wut? Rast dein Herz? Fühlst du Enge, Beklemmung, Atemnot? Hitze oder Schweiß? Welche körperlichen Symptome zeigen dir an, dass du gerade wütend bist? Erlaube dir diese Symptome und gestatte deiner Wut, da zu sein und sich zu entfalten. Denk daran: Du MUSST ihr nicht nachgeben, wenn du nicht willst, aber du solltest sie spüren, erkennen und anerkennen, vielleicht sogar willkommen heißen.

Sie ist aufgetaucht, weil dir Unrecht geschehen ist oder eine Gefahr für dich besteht. Danke deiner Wut für ihre aufmerksame Wache, die sie dir zuverlässig bietet.
- Überprüfe auch dein Mindset: Welche Gedanken begleiten deine Emotionen? Sind sie hilfreich und stärkend oder eher hemmend? Im letzteren Fall kannst du sie leicht im Kopf umschreiben: Variiere sie so, dass sie in eine konstruktive und hilfreiche Richtung gehen. Kränke und verletze dich in Gedanken niemals selbst! Die Wut gegen dich selbst zu richten, das hast du vielleicht lang genug getan und es hat dich nirgendwohin gebracht! Es hat nur dafür gesorgt, dass du dich noch mickriger und wertloser als sowieso schon gefühlt hast, völlig zu Unrecht! Der richtige Adressat für deine Wut ist die Person oder die Situation, die sie ausgelöst hat – aber ganz bestimmt nicht dein kostbares Ich, das ab heute kein Prellbock mehr für den Unbill der Welt sein wird!
- Du darfst deine Wut in all ihren Ausprägungen spüren und akzeptieren, du solltest sie aber nicht im Eifer des Gefechts immer sofort ungebremst ausagieren. Agiere sie auf ungefährliche Art aus, sodass sie

keine Folgen nach sich zieht, die dir wirklich schaden. Lass dir Zeit für eine Reaktion und hole deinen Verstand mit ins Boot! Wenn deine Wut abgeflacht ist, besteht die Möglichkeit, ihre Energie immer noch anzuzapfen, sich aber gleichzeitig mit dem Hirn einen Weg, der funktioniert, oder eine Lösung zu überlegen. Manchmal kann dies bedeuten, auf die Wahrung deiner Interessen zu bestehen und sie durchzusetzen, manchmal wird es ein Kompromiss oder ein „Nachgeben" sein. Den richtigen Umgang mit deiner Wut wirst du nur herausfinden, wenn du sie bändigst.
- Wenn du dich im Ton vergriffen oder überreagiert hast, entschuldige dich aufrichtig und versuche, den verursachten Schaden zu beheben oder zu begrenzen. Erkläre, warum du so aus der Fassung geraten bist und suche ein Gespräch in ruhiger Atmosphäre mit dem oder den Betroffenen. Es bringt sehr viel, die Situation nachher gemeinsam (oder selbst) zu analysieren. Es bringt hingegen überhaupt nichts, sich in Scham- und Schuldgefühlen zu ergehen und das eigene Gewissen zu traktieren, ohne daraus ein Ergebnis zu ziehen. Vergiss nicht, dass auch du nur ein

Mensch bist und Menschen machen Fehler! Wenn du generell nach der Maxime lebst, andere Menschen so zu behandeln, wie du selbst behandelt werden möchtest, dann wirst du auch in heiklen Momenten das Richtige tun und entsprechend reagieren, falls du doch mal das „Falsche" (oder vielmehr das „nicht Zielführende") getan hast.
- Wenn es um Fakten geht, kämpfe „sachlich". Führe Debatten, trage Konflikte aus, aber feuere keine Schüsse unter der Gürtellinie ab. (Denke dabei auch an deine Werte: Wenn du etwa die Würde von Menschen für einen Wert hältst, der in deinem Leben großgeschrieben wird, verletzt du dich letzten Endes damit auch selbst, wenn du die Würde eines Anderen bewusst verletzt! Wenn du Gerechtigkeit schätzt, selbst aber ungerecht handelst, untergräbst du dein eigenes Selbstvertrauen.) Vermeide bei Auseinandersetzungen um „Themen", dich allzu tief in deine Emotionen zu verstricken, bewahre eine gewisse Distanz. Das ist nicht immer leicht, aber man kann es üben und dann gelingt es zunehmend besser. Sei selbst ein fairer und berechenbarer Gesprächs-

partner und erwarte und verlange von deinem Gegenüber das gleiche.
- Zuweilen geht es in Streitereien aber eben nicht um „Fakten" und „Themen", sondern diese werden vielleicht nur vorgeschoben, um persönliche Befindlichkeiten auszuagieren. Ein klassisches Beispiel hierfür ist ein Sorgerechtsstreit, der voller Groll ausgetragen wird, weil ein Partner die Trennung nicht wollte. In Konflikten dieser Art kannst du nur verlieren! Selbst, wenn du alle Regeln für Gesprächsführung beachtest, fair und berechenbar bleibst und auf einen Kompromiss aus bist, wird dein in seine eigenen Emotionen verstricktes Gegenüber dich ohne Hemmungen vernichten, sobald es kann! Und dann besteht nicht nur die Gefahr, dass dein Streitpartner dich fertigmacht, sondern auch die, dass du dich in deinem eigenen überwältigenden Gefühlswirrwarr verlierst. Du wirst dann nicht mehr souverän handeln können und hast auch keine Chance, dein Ziel zu erreichen. Brich solche Diskussionen ab, lass dich nicht dazu überreden oder provozieren, wahre äußerlich, aber vor allem innerlich Distanz! In einer solchen Situation sind deine

eigenen Gefühle schlechte Ratgeber, weil sie Chaos und Selbstzweifel in dir verursachen und dann stampft dein unfairer Streitgefährte dich womöglich noch in den Boden. Konflikte dieser Art brauchen sachlichen Beistand! Eine besonnene Freundin, ein Anwalt, ein Coach oder Therapeut – Suche dir Hilfe, wann immer du fühlst, dass dich eine Situation überfordert und verzichte auf deinen Anspruch, alles allein schaffen zu wollen.
- Fürchte deine Wut nicht! Wenn es nötig ist, kannst du sie beherrschen. Wenn du sie hingegen brauchst, wird sie in dir wie eine großartige, feurige Kraft auftauchen, die dich bestärkt und schützt. Visualisiere deine Wut vielleicht als riesigen Vogel, dessen heftige Flügelschläge dich durch gefährliche Welten zu tragen vermögen! Tanze und spiele mit ihr, rufe sie, schätze sie, hege und pflege sie! Lege ihr Zügel an und nutze ihre Fähigkeiten! Je besser du deine Wut kennenlernst und weißt, wie sie sich äußert, wie sie funktioniert, wie sie sich besänftigen oder zusätzlich befeuern lässt, umso besser wird sie dir durchs Leben helfen. Zuweilen ist das Dasein ein ungemütlicher, sogar fieser Ort! Dann tust

du gut daran, einen starken, energiereichen Verbündeten an deiner Seite zu wissen! Und alles, was deine Wut will und tut, macht sie immer für dich! Sie überbringt dir immer eine Botschaft: „Aufgepasst! Hier stimmt etwas in deinem Leben nicht!" Deine Aufgabe ist es, ihr zuzuhören und darauf zu reagieren. Deine Aufgabe in diesem Leben ist es, für dich einzustehen, dich zu behaupten, für dich zu sorgen, dabei aber das rechte Maß nicht zu verlieren. Schließlich bist du ein soziales Wesen, das Kontakt mit anderen Menschen unbedingt braucht und natürlich möchtest du anerkannter, akzeptierter und geliebter Teil der Gruppen sein, in denen du dich bewegst und denen du dich zugehörig fühlst. Es ist also an der Zeit, das Raubtier „Wut" in dir zu entdecken und es zu zähmen, wie ein Dompteur es tun würde, jedoch ohne ihm die Zähne zu ziehen! Den Biss, den es dir bringt, wirst du an der ein oder anderen Stelle gut gebrauchen können.

Und was ist mit den ganzen anderen Gefühlen?

Vielleicht fragst du dich, warum ich aus der Vielzahl menschlicher Emotionen ausgerechnet die Angst und die Wut herausgegriffen habe, um sie näher zu betrachten. Dabei ließ ich eine Menge Gefühle außer Acht, die ganz sicher auch eine Wirkung auf das Selbstvertrauen haben, etwa Freude oder Trauer.

Nun, für meine Begriffe sind die Angst und die Wut, wenn man sie richtig nutzt, die stärksten Antreiber, die man sich vorstellen kann, um das eigene Selbstvertrauen zu pushen. Ihnen liegen großartige Kräfte inne, die man einfach mal wahrnehmen muss, damit man sie für sich nutzen kann. Selbstverständlich bilden sie nicht das gesamte Repertoire menschlicher Emotionen ab, da gibt es noch viel mehr und vor allem auch bunte Zwischentöne und eigenartige Mischungen! Sie alle haben ihre Vor- und Nachteile und besondere Geschenke für uns im Gepäck. Angst und Wut sind per se hervorragende Kämpfer – allerdings nur, wenn man sie lässt. Und wenn man die Zügel nicht aus der Hand gibt, sondern seine Ratio mit ins Boot holt. Gefühle können ihr Potenzial am besten entfalten, wenn sie an der Seite der Vernunft ihren sicheren Hafen finden.

Hinweis:

Wenn du die Symptome einer psychischen Krankheit im klinischen Sinn zeigst, helfen meine Tipps dir nicht weiter und könnten im schlimmsten Fall deine Situation noch verschlechtern. Du brauchst in einem solchen Fall unbedingt einen professionellen Ansprechpartner in Form eines Therapeuten, Psychologen oder Arztes.

Das Gras fremder Leute:

Wie gesunder Neid dich ins Handeln bringt

Natürlich ist das Gras fremder Leute immer grüner und leuchtender als unseres! Neid – wieder eine Emotion, die nicht gerade dem Traum einer schlaflosen Nacht entspricht! Er fühlt sich eh schon unangenehm an, sodass uns kalte Schauer auf dem Rücken plagen, wenn er sich als ungebetener Gast einstellt, aber er hat auch noch zwei ausgesprochen widerliche Freunde dabei: Schuld und Scham! Denn wer von uns gibt schon gern und freiwillig zu, dass er Neid empfindet? Eher würde man sich einen rostigen Nagel durch die Hand treiben, nicht wahr?

Ja, Neid ist unpopulär und hat eine hässliche Fratze als Gesicht. Und wer neidisch ist, dem beschert die eigene Moral auch noch ein schlechtes Gewissen! Wozu soll eine unglückselige Trias wie diese überhaupt gut sein?

Zunächst ist Neid, wenn man ihn seiner moralischen Komponente entkleidet, erstmal ein eigentlich recht neutraler Zeitgenosse: Er zeigt als Botschafter auf, dass ich gern etwas hätte, was ich nicht habe (und vielleicht nicht haben kann), was Andere dafür aber durchaus besitzen. Ein Hinweisgeber auf meine Wünsche, Träume und

Sehnsüchte also. Können wir diese Eigenschaft auf seine Plusseite schreiben? Einverstanden, entgegnen Kritiker, aber der Neid hat trotzdem auch ein paar fette Vermerke auf der Minusseite! Er entlarvt uns als engstirnige Kleingeister, als schlechte Menschen, als jemand, der nicht gönnen kann! Er sorgt für den schambehafteten, boshaften Wunsch, dem Anderen das Missgönnte wegzunehmen oder kaputtzumachen! Er straft uns mit dem Eindruck, ein Versager zu sein – oder zumindest nicht so erfolgreich, wie wir es gern wären und vermutlich sein könnten, wenn wir besser, fleißiger, klüger, ernsthafter, fähiger oder was auch immer wären. Er verweist auf Mangel, Fehlendes, Falsches, Verkorkstes und unsere Unfähigkeit, all das zu beheben.

Tut er das wirklich?

Der Neid hat durchaus eine konstruktive, sogar zerstörerische Seite! Solche Begleiterscheinungen kennen wir alle, auch, wenn wir es kaum je zugeben, zuweilen nicht einmal vor uns selbst. Wir empfinden es häufig als erstrebenswert, großzügig und gönnerhaft aufzutreten, denn jemand, der gönnen kann, leidet selbst unter keinem Mangel, oder? Anderseits ist es doch irgendwie auch total ungerecht, wie ungleich die Ressourcen und Möglichkeiten im Leben verteilt sind! Habe ich nicht sowieso einen Anspruch darauf, dass es mir so geht wie allen Anderen – oder einen Hauch besser? Egoismus und Egozentrik haben Hochkonjunktur in der individualisierten Gesellschaft, jeder ist sich selbst der Nächste und wer zuerst kommt, mahlt zuerst! Wenn man das Nachsehen hat, hat man halt einfach Pech gehabt! Oder sich nicht genügend angestrengt! Wenn man sein Bestes gibt, wird dies auch belohnt! Und deshalb ist es mein selbstverständliches Privileg, alles zu erreichen, was mir vorschwebt und mir jede Option offenhalten zu dürfen! Ich will jedenfalls haben, was mir zusteht und der Nachbar soll es am besten nicht kriegen! Hätten es alle, wäre es ja weniger wert! Eine Selbstverständlichkeit und nicht mehr dazu geeignet, zu zeigen, wie gut und erfolgreich ich bin!

Neid hat in der Tat unschöne Seiten. Und in einer Gesellschaft, in der Wettbewerbsdenken und Leistungsstreben nahezu alle, selbst die intimsten und persönlichsten Lebensbereiche durchzieht, hat er geradezu einen Run! Er bekommt schon allein dadurch eine immense Bedeutung, dass wir ihm quasi überhaupt nicht mehr ausweichen können: Dank Digitalisierung begegnet uns am laufenden Band irgendwo etwas oder jemand, der unseren Neid schürt – und wenn wir den Neid dann auch noch verdammen und verurteilen, dann haben wir wirklich ein sehr dringliches

Problem, weil wir den lieben langen Tag präsentiert bekommen, was uns fehlt und uns zusätzlich dafür schämen! Das ist die destruktive Seite des Neids, die für viel Unmut und Verzweiflung sorgt.

Wir könnten uns nun grämen und ärgern, wenn das Blatt, das das Leben an uns ausgeteilt hat, nicht so toll – oder im Vergleich zu anderen Menschen in unserer Umgebung und draußen in der Welt – vielleicht sogar beschissen ist! Wir können uns aufregen und uns lust- und schmerzvoll durch unseren Mangel definieren, Erfolge Anderer kleinreden, unsere Mitmenschen kränken und verletzen, um uns selbst besser und stärker zu fühlen, Gutes negieren, um den Neid ertragen zu können. Wir können uns selbst belügen und das Geneidete schlecht- oder unseren Mangel schönreden. Vielleicht werden Strategien wie diese kurzfristig helfen, aber wirklich in Frieden mit uns selbst und der Welt gelangen wir dadurch ganz bestimmt nicht.

Sinnvoller wäre es, den Neid anzuerkennen und zu akzeptieren, ohne ein Drama daraus zu machen: Ja, ich hätte gern, was der oder die hat, eine bestimmte Eigenschaft, einen bestimmten Gegenstand, einen bestimmten Job, Partner, oder, oder, oder. Das ist in akzeptabel. Ich darf Neid fühlen und mir anschauen, was genau mir fehlt!

Mit einem kleinen selbstkritischen Auge (nicht übertreiben) gelingt dann nämlich eine hilfreiche Bestandsaufnahme: *In welchen Bereichen meines Lebens bin ich gerade zufrieden und in welchen nicht? Warum? Was möchte ich erreichen, wo will ich hin?* Und schließlich: *Wie kann ich mir Wege und Strategien erarbeiten, um meine eigenen Wünsche umzusetzen, meine Ziele zu erreichen und meine Träume in die Realität zu holen?* Auf diese Weise nutzen wir die Energie des Neides, um in unserem eigenen Leben Dinge zu ändern, die uns noch nicht oder nicht ganz entsprechen. Und wir lenken die Aufmerksamkeit auf andere Menschen wieder auf uns zurück. Das ist die konstruktive Seite des Neids. Wir selbst können entscheiden, welche Seite wir für uns wählen. Und sicherlich schadet es auch nicht, hin und wieder dem oder der Beneideten gegenüber eine ehrliche Anerkennung an den Tag zu legen: *Ich finde toll, was du da erreicht hast! Dein Erfolg beeindruckt mich!*

Hilfreich kann auch die Frage sein: Wie hat der oder die Beneidete das geschafft, zu erreichen, was ich mir für mich selbst wünsche? Man kann sich Rat und Ideen suchen, sich inspirieren und anspornen lassen und sich erfreuen an der Gewissheit, dass bestimmte Wege möglich sind, weil es ja Menschen gibt, die sie schon erfolgreich gegangen sind!

So nutzt man seine Neidgefühle, um im Hier und Jetzt Dinge zu verändern.

Ein Aspekt, der übrigens oft vergessen wird, wenn Neid aufkommt, ist der Preis, den man üblicherweise zu zahlen hat, um etwas zu erreichen. Kaum jemand fragt sich, welche Opfer ein Mensch bringen musste, um einen bestimmten Punkt seines Lebens zu erreichen: Vielleicht bringt der Bekannte viel Geld nach Hause und legt eine steile Karriere hin, die seinen gesellschaftlichen Status hebt, sieht aber seine Kinder nicht aufwachsen oder lebt sich mit seiner Frau auseinander und steht irgendwann ganz allein vor den Trümmern seines Privatlebens, die auch der berufliche Erfolg und das pralle Konto nicht ausgleichen können? Vielleicht hat die Freundin sich als Heilpraktikerin selbstständig gemacht und muss nun nicht mehr unter einem dämlichen Chef leiden, darf ihre Arbeitszeit und die Inhalte selbst bestimmen, aber dafür schläft sie vielleicht nachts schlecht, weil die Auftragslage zu wünschen übriglässt? Vielleicht hat der Kollege eine oscarreife Rede im Meeting hingelegt, schluckt dafür aber heimlich irgendwelche abhängig machenden Medikamente, um den Erfolgsdruck zu ertragen und den Alltag zu überstehen? Vielleicht verkauft eine Autorin, Künstlerin oder Händlerin ihre Werke viel besser als du deine, muss sich aber auch dem Kundenwunsch unterwerfen und ist in der Gestaltung ihrer Arbeit viel unfreier als du es bist?

Jedes Ding hat seine zwei Seiten und alles, was erlangt oder erworben wird, besitzt einen Preis. Oft genug wird dir der Blick hinter die Kulissen nicht gewährt und dann vergisst du schnell, dass nichts umsonst ist. Wärst du wirklich bereit, den Preis selbst zu zahlen, den das von dir geneidete Objekt bedingt? Die entsprechenden Opfer zu bringen, die nötig sind? Bringst du die Zeit, Disziplin und den Verzicht auf, um etwas zu bekommen, was du einem Anderen neidest?

Und der „Blick hinter die Kulissen" ist ein prima Stichwort für den Begriff „Fassade", denn es gibt einen dritten Punkt, der den Neid relativiert: Du erfährst niemals die Wahrheit! Vor allem im Internet aber auch überall sonst im Leben lügen und betrügen Menschen, dass sich die Balken biegen! Sie stellen ihre Erfolge größer dar, als sie sind. Sie bearbeiten Bilder und hübschen sich selbst, ihre Umgebung, ihr Essen, ihren Urlaubsort und alles, was sie zeigen, auf. Sie über- oder untertreiben. Sie streiten Zweifel, Mängel oder Fehlerhaftes einfach ab und präsentieren dir eine Fassade, die mit der Wahrheit nicht mehr wirklich viel gemeinsam hat. Und diese falschen Bilder dienen uns allen dann als scheinbar realistisches

Vorbild und wir wundern uns, dass wir strampeln und ackern, aber niemals dieses Vorbild erreichen! Wir bürden uns dann Ansprüche auf, die von vornherein jenseits von Gut und Böse sind, nehmen uns aber übel, dass wir diesem unfassbaren Maßstab nicht mal im Ansatz entsprechen können? Schön blöd, oder?

Sich in der coolen, hübschen Glitzer- und Glanzwelt der sozialen Netzwerke von dem Druck freizumachen, ist etwas einfacher, denn man kann seinen Medienkonsum ja reduzieren (= den aufgehübschten Bildern aus dem Weg gehen) oder die Dinge bewusst durch eine etwas realistischere Brille betrachten. Aber auch für deine direkten, unmittelbaren Kontakte mit Familie, Freunden, Nachbarn, Kollegen und Co. gilt:
Ziehe grundsätzlich ein paar Prozent der Fakten von der Behauptung oder Erzählung einer Person ab und du kommst der Wahrheit ein Stückchen näher. Glaube nicht immer alles, sondern stelle Dinge klug und überlegt infrage. Lasse andere Perspektiven zu und nimm diese probeweise auch mal selbst ein. Nicht alles ist so, wie es dir präsentiert wird. Menschen verwenden viele Anstrengungen auf das Polieren der Fassade, die sie von sich vermitteln wollen. Oft glauben sie ihre Flunkereien oder handfesten Lügen sogar selbst

und sind ziemlich pikiert, wenn du es wagst, sie genauer zu hinterfragen.

Und was hat das jetzt alles mit dem Selbstvertrauen zu tun? Nun – Neidgefühle zu erleben sorgt dafür, dass wir uns im Vergleich mit anderen Menschen unfähiger, wertloser und weniger erfolgreich fühlen. Jeder destruktive „Neidanfall" trägt also dazu bei, unser Selbstvertrauen wieder ein Stück weit zu untergraben und irgendwann wissen wir gar nicht mehr, was wir eigentlich haben und sind, weil wir uns immer unterlegen fühlen. Der Masse an vermeintlichen Erfolgen überall um uns herum ist ja gar nicht zu entkommen! Ihr kann aber besonnen und schlau begegnet werden, sodass dein Neid sogar als Stärkung deines Selbstwertes genutzt werden kann.

Tipps zum Umgang mit Neidgefühlen:

- Es ist nur ein Gefühl. Lass es kommen, durchlebe es, lass es gehen. Lass dich davon nicht über Gebühr beeindrucken. Nimm dir von ihm, was es dir an Gutem mitbringt und hake es ab, wenn es dir nicht (mehr) sinnvoll erscheint.
- Nutze deine Neidgefühle als Antreiber, um deine eigenen Wünsche in Erfahrung zu bringen und deine Ziele zu

erreichen. Lerne von Menschen, die bereits etwas geschafft haben. Verschenke Anerkennung, wenn sie ehrlich gemeint ist. Das tut deinem Gegenüber gut – aber auch dir selbst.

- Akzeptiere Grenzen. Dass wir in unserem Leben ALLES erreichen können, was uns vorschwebt, ist eine unausrottbare Unwahrheit, die schon viel Unglück verursacht hat. Häufig verhindern Umstände und andere Menschen, dass du die Dinge für dich so gestalten kannst, wie du es dir erträumst, denn deine eigene Macht und dein Einfluss sind viel geringer, als du hoffst. Erkenne, wenn du an eine solche Grenze gelangst und orientiere dich neu. Habe Plan B und C in petto und bleib beweglich in deinen Sehnsüchten und Zielen. Das erspart dir eine Menge Frust!
- Bedenke die Kosten, die dein geneidetes Objekt ziemlich sicher verursacht. Bist du wirklich, wirklich bereit, sie aufzubringen?

  Ja, du kannst auch dieses Haus bauen, in dem deine Kollegin sich so wohlfühlt! Aber womöglich musst du dich dafür bis zur Rente verschulden, auf Urlaube in Zukunft verzichten und auf Gedeih und Verderb in der Tretmühle schuften, die du sowieso nicht besonders gern magst! Ist es dir das wert? Dann los – suche dir ein Kaufobjekt, sorge für eine Finanzierung, setze den Traum vom Haus um! Oder vielleicht eher nicht? Ist dir der Preis zu hoch? Und nicht nur der des Hauses, sondern jener, der alle Opfer umfasst, die du für ein Eigenheim aufbringen musst? Dann kannst du deine Neidgefühle auf das Haus der Kollegin getrost loslassen und dir überlegen, was dich denn *wirklich* glücklich machen könnte! Vielleicht eine Reduzierung deines anstrengenden Jobs auf Teilzeit, um mehr Zeit zur Verfügung zu haben? Die deiner Kollegin übrigens nicht möglich ist, weshalb diese dir vielleicht ihrerseits etwas neidet, nämlich deine Freiheit in Entscheidungen und Lebensgestaltung? Und nicht zuletzt deine viele freie Zeit, die du mit deinen Hobbys verbringen kannst? Irgendeinen Tod müssen wir alle sterben und

alles haben geht nicht – entscheide dich!
- Vergleiche dich nicht mit Anderen. Diese ständigen Vergleiche sind eine Krankheit, eine Seuche unserer Zeit und sie haben wenig Hilfreiches für uns im Sinn. Auf diesen Punkt gehe ich im folgenden Kapitel noch näher ein. Fürs Erste sei so viel verraten: Wenn du dich unbedingt mit jemandem vergleichen willst, dann vergleiche dich mit dir selbst und freue dich über die Entwicklung, die du offenbar durchlebst und durchlebt hast. Vergleiche mit Menschen um dich herum oder gar Fremden im Internet sind nicht nur deprimierend, sondern auch unsinnig, weil die Voraussetzungen verschiedener Leben sich immer voneinander unterscheiden und niemals unter einen Hut zu bringen sind. Vermutlich würdest du dich auch nicht mit dem Sohn eines arabischen Ölscheichs vergleichen und erwarten, dass du es schaffen kannst, seinen Lebensstil zu kopieren. Warum also tust du das bei deinem Kollegen oder dem Typen drei Straßen weiter, wenn du doch seine

Lebensbedingungen überhaupt nicht kennst, aber doch sicher sein kannst, dass sie ganz anders sind als deine?
- Sei dankbar für das, was du hast. Das klingt banal, aber oft vergessen wir über unseren maßlosen Ansprüchen all das, was wir schon haben und nehmen es für selbstverständlich. Wird es uns dann genommen, stellen wir entsetzt und erschüttert fest, wie wichtig es für uns tatsächlich war und wünschen uns verzweifelt, wir hätten es besser zu schätzen gewusst. Also, vielleicht gibt es in einigen Bereichen deines Lebens Mängel, Fehler und Baustellen, die deinen Neid auf Menschen hervorrufen, bei denen diese Bereiche besser laufen. Aber ganz bestimmt verfügst auch du über Erfahrungen und wertvolle Dinge in deinem Leben, die einen großen Quell der Freude und Sicherheit darstellen! Vielleicht hast du kein Eigenheim, dafür aber ein ausgiebig ausgelebtes Hobby, das viel Freizeit bedingt? Vielleicht machst du nicht Karriere und erhältst keinen Applaus im Meeting, doch es wartet ein lieber Partner oder eine liebe Partnerin

auf dich, wenn du von der Arbeit nach Hause kommst? Vielleicht bist du kein Genie in der Wissenschaft, aber ein wunderbarer Koch? Und vielleicht hast du kein teures Auto, dafür aber eine robuste Gesundheit? Eine zuverlässige beste Freundin? Einen Ort in der Natur, an dem du dich wohlfühlst? Einen Kurs zu deinem Lieblingsthema, der dein Wissen bereichert? Wolle zum Stricken? Einen Hund, der deine Füße wärmt? Musik um dich, die dein Herz in Schwingungen versetzt? Ein Fahrrad, das dich mobil macht? Eine gemütliche Leseecke?

Unser Leben ist so vielfältig und vielgestaltig, dass Neid im Grunde ganz und gar überflüssig ist, denn nicht jeder Lebensstil würde uns entsprechen und zu uns passen, weswegen wir einige gar nicht anstreben sollten. Andererseits haben wir aber auch so viele Möglichkeiten und Gründe, dankbar zu sein, dass wir sie kaum je im Rahmen eines einzigen Lebens ganz und gar ausschöpfen können. Und ist das nicht der schönste Grund,

um seine Neidgefühle ziehen zu lassen?
- Schließlich und wirklich immer: Stelle „Fakten" infrage! Dir werden Scheinbilder als Realitäten vorgegaukelt, manchmal versehentlich, manchmal mit Vorsatz. Nutze dieses Wissen klug, denn es relativiert wirklich alles, was du erlebst! Du sollest sehr genau überlegen und prüfen, wessen Worten du vorbehaltlos glaubst und welche du zunächst erst einmal infrage stellst. Wenn deine Kollegin dir vorschwärmt, wie wunderbar ihr Urlaub war, sodass dich sofort der Wunsch überkommt, einen solchen (unerschwinglichen?) Urlaub auch zu erleben, dann ziehe bitte zumindest die Möglichkeit in Betracht, dass sie dir Einiges verschweigt und Anderes ein bisschen frisiert. Sie wird dir vermutlich nicht erzählen, dass sie sich heftig während des Urlaubs mit ihrem Mann gestritten hat, weil der am Strand den Blondinen im Bikini hinterhergeglotzt hat, und auch nicht, dass sie drei Tage im Bett lag, weil die Muscheln im Restaurant vergammelt waren. Vielleicht tut sie es

> doch und dann könnt ihr beide darüber grinsen, aber sei dir gewiss: Es gibt immer Dinge, die dir nicht erzählt werden und das sind genau die Dinge, die deine Neidgefühle auf ein erträgliches, gesundes Maß begrenzen würden. Diese nicht ausgesprochenen Wahrheiten musst du in Gedanken ergänzen, um ein vollständiges Bild der Dinge zu erhalten. Dann aber werden Neidgefühle obsolet.

Neid kann eine zerstörerische und eine anspornende Seite haben. Du entscheidest selbst, welche für dich eine Rolle spielt. Letztlich solltest du aber auf ein so flatteriges und flüchtiges Gefühl nicht so viele Energien verschwenden und dich stattdessen lieber um dich selbst und die Gestaltung deines eigenen Lebens kümmern.

Scheitern und Versagen

Scheitern und Versagen sind schon Worte, die ganz scheußlich klingen, es steckt etwas Ätzendes in ihnen, das man gern weit von sich weist, damit es einen nicht besudelt. *Scheitern*, das klingt nach einem blutigen Aushauchen des Lebens auf dem Schlachtfeld, nachdem alle Anstrengungen nichts genutzt haben, um einen übermächtigen Feind zu besiegen, (und impliziert die Reue, es überhaupt versucht zu haben). Und *Versagen* weckt das Bild eines gebeugten Geschöpfes vor Augen, das den Kopf niederstreckt, bis die Stirn den Boden berührt und mit brüchiger Stimme eingesteht: *Ja, ich hab es nicht geschafft.* Auch hier schwingt der moralisch erhobene Zeigefinger mit: *Hättest du es mal gar nicht erst versucht, du größenwahnsinniger Dummkopf!*

Unsere Gesellschaft definiert sich in erster Linie durch Leistung und Erfolg. Die, die ihn nonstop bringen, schwimmen obenauf. (Obwohl – Wer soll das bitte sein? Niemand kann nonstop Erfolge einheimsen!) Die, die ihn verweigern oder trotz aller Mühen nicht erreichen, fallen zurück oder scheiden aus, nicht gerade unter Jubel. Das Leben ist in jeder Hinsicht ein einziges erbarmungsloses Rennen, in dem der eigene Platz mit den Ellbogen verteidigt werden muss, um nicht zu den Abgehängten zu gehören. Man muss immer sein Bestes geben, sich selbst optimieren, Erfolge einfahren, die richtigen Wege gehen! Alle Bereiche unseres Lebens ergeben sich einer Art Wettbewerb, der alles andere als spielerisch und fair ausgetragen wird und bei dem die Startpositionen und Bedingungen höchst unfair verteilt sind.

Ich spreche nicht nur von den natürlicherweise dem Konkurrenzkampf zugeordneten Bereichen wie dem Leistungssport oder den (immer noch zumeist männlichen) Workaholic-Karrierehelden in den Vorständen und Aufsichtsräten großer Firmen. Ich spreche auch von höchst persönlichen Dingen wie etwa der Partnersuche, die auf Tinder und Co. und dank riesiger Reichweiten wie ein Kuhhandel auf dem Markt anmutet. Ich spreche von Kindererziehung und den Kampf der Mütter untereinander, von denen jede den Heiligen Gral gepachtet zu haben scheint. Ich spreche von dem Dilemma der Freizeitgestaltung, die möglichst actionreich und prestigeträchtig vonstattengehen soll, obwohl doch vielleicht der Wunsch nach Ruhe, Erholung und Reizverminderung größer ist. Ich spreche von geposteten Plätzchen, die nur dann schmecken, wenn genug Facebook-Freunde sie gelobt haben, Schrittzählern, denen mehr vertraut wird als dem Empfinden der eigenen Füße,

Kritik und Häme im Netz, die nicht mehr face-to-face stattfindet und deshalb umso heftiger die wunden Punkte torpediert. Ich spreche von Körpern und Seelen, die immer und immer weiter angetrieben und gehetzt werden, um noch eine weitere Zielmarke abzustecken, (und es nicht einmal richtig zu merken, weil die Erschöpfung die Aufmerksamkeit sinken lässt), die sich niemals auf das besinnen können, was im Leben tatsächlich das Passende ist, weil kaum je Zeit zum Luftholen bleibt. Ich spreche von maßloser Reizüberflutung, lachhaft fordernden und kaum das Grundlegendste zur Verfügung stellenden Arbeitsmärkten, von Druck und Stress schon bei den Kleinsten, für die Schulcurricula bedeutender zu sein haben als die persönliche Entfaltung. Und ich spreche von all diesen Menschen, die auf dem Siegertreppchen nicht auf Platz eins stehen, denn alle Anderen sind per definitionem Verlierer! Und auf der Eins – da ist wirklich für nur sehr wenige Platz!

Problematisch ist das vor allem aus den folgenden Gründen:

- Es wird vermittelt, alle hätten dieselben Chancen und deswegen könnte man auch von jedem die gleichen

Erfolge erwarten. Aber wir sind höchst unterschiedliche Wesen und die Lebensumstände, in die wir zufällig hineingeboren werden, unterscheiden sich manchmal um Welten. Zu erwarten, jeder könne alles erreichen, wenn es sich nur genug anstrenge, ist lächerlich, grotesk und im Grunde eine Frechheit.

- Das eigene Selbstvertrauen und der Selbstwert werden an äußeren Erfolgen festgemacht, was ein sehr fragiles und fragwürdiges Konstrukt zur Folge hat. Bleiben Anerkennung und Bestätigung aus, verliert das Individuum seine Stabilität. Es macht sich abhängig von der Bewunderung und dem Zuspruch Außenstehender, die es nicht einmal immer gut mit ihm meinen, anstatt eine eigene, innere und unabhängige Selbstsicherheit aufzubauen, die auch dann nicht erschüttert wird, wenn ein „Gönner" seine Anerkennung oder Unterstützung entzieht.
- Darüber wird vergessen, dass Erfolg immer eine Frage der Definition ist. (Das ist eigentlich eine ganz simple Tatsache, aber darüber denkt man

wirklich kaum nach. Man übernimmt ungeprüft jene Definition, die man gelernt hat. Dass es andere oder weitere geben könnte, muss einem erst bewusst werden.)
- Der Lust am Ausprobieren und Experimentieren wird ausgetrieben. Ohne eine vernünftige Fehlerkultur werden falsche Entscheidungen und Irrwege immer mit negativen Gefühlen belegt sein und deshalb bemüht man sich, diese möglichst zu vermeiden. Sehr schade für all die Irrwege und vor allem für die wertvollen Erfahrungen, die auf ihnen hätten gemacht werden können! Wir sind lernende, sich entwickelnde Wesen. Wundert es noch jemanden, dass wir seit Jahrzehnten auf der Stelle treten, wenn man uns diese natürliche Entfaltung doch überhaupt nicht zugesteht?

Fassen wir zusammen:

Wettbewerb ist spannend und interessant und in gewisser Weise auch gut für unsere Weiterentwicklung. Zu viel davon und zu wenige Regeln kehren das Positive des Leistungsprinzips jedoch ins Absurde um und das kriegen wir alle heutzutage ständig zu spüren, weil all unsere Lebensbereiche davon inzwischen durchdrungen sind. Für unseren Selbstwert und unser Selbstvertrauen ist dieser giftige Cocktail, den wir jeden Tag zu uns nehmen, fatal! Er hemmt unsere Freude und Lust an der Gestaltung unseres eigenen Lebens und lässt zu, dass sich Leistung und Druck als Diktatoren über unseren Alltag, unser Denken und Handeln erheben. Die Folge davon sind Selbstzweifel, Erschöpfung, Überforderung und innere Stagnation. Und leider können wir dem kaum entfliehen, denn wenn wir uns nicht gerade für einen radikal anderen Lebensstil entscheiden und als Aussteiger die Zivilisation verlassen wollen, dann kommen wir kaum umhin, uns von Zeit zu Zeit mit Anderen auf die ein oder andere Art zu messen.

Allerdings können wir selbst entscheiden, wann und wie das der Fall ist! Wir müssen keine Kämpfe ausfechten, die uns nicht liegen und keine Erfolge erstreben, die wir innerlich gar nicht ersehnen! Wir können selbst wählen, ob und wie weit wir in die täglichen Lebenskämpfe einsteigen und welchen Einfluss diese auf unser Wohlbefinden und unsere Einstellung zu uns selbst haben! Zwar sind wir natürlich nicht völlig frei von jeglichem Urteil durch unsere Mitmenschen – es wird uns immer irgendwie berühren, bestärken oder verunsichern, wie man auf uns reagiert – wir leben ja nicht im luftleeren Raum und können uns auch nicht von allen Gefühlen gänzlich freimachen. Trotzdem haben wir das letzte Wort über unseren eigenen Wert immer selbst! Und der wird nicht faktisch weniger, nur, weil irgendjemand ihn infrage stellt, negiert oder versucht, in den Schmutz zu ziehen. Gleichermaßen sind wir auch die letzte und wichtigste Instanz, um über unser eigenes Scheitern oder unsere Erfolge zu urteilen. Und auch dafür habe ich natürlich eine Handvoll hilfreicher Ideen, denen du gern eine nähere Betrachtung widmen kannst.

Tipps zum Umgang mit Scheitern und Versagen:

- Nimm diesen beiden übel besetzten Begriffen zunächst einmal ihre via gelernter Definition vermittelte Schärfe: Wenn du ein Ziel nicht erreichst, etwas nicht funktioniert, wie du es dir vorgestellt hast oder du erkennst, dass du in einer Sackgasse stehst und den Rückwärtsgang einlegen musst, dann ist das keine Katastrophe, sondern ein Weg, der sich als nicht passend herausgestellt hat. Nicht weniger,

aber auch nicht mehr! Atme also tief durch und schiebe deine Katastrophenszenarios im Kopf beiseite: Es ist in der Regel alles halb so schlimm! Prüfungen etwa kann man wiederholen, angeknackste Beziehungen kann man heilen, Verlorenes kann man wiederbeschaffen und wenn Türen sich schließen, öffnen sich andere. Was immer da also gerade danebengegangen ist, es ist bestimmt wieder in den Griff zu kriegen und kein Grund für Panik.
- Überlege, analysiere, bewerte und durchdenke deinen Misserfolg. Warum hat es nicht geklappt? Wie groß war dein eigener Einfluss und wie viel war von anderen Variablen abhängig, die du gar nicht hättest beeinflussen können? Hast du deinen eigenen Verantwortungsbereich gut genug genutzt und wirklich dein Bestmögliches gegeben? War es wirklich DEIN Wunsch und DEIN Ziel? War dir das Ergebnis wirklich wichtig? Woran hakte es? Was hat (noch) nicht gepasst? Was kannst du bei einem weiteren Versuch anders machen, um ein besseres Ergebnis einzufahren? Absolviere diese Analyse so akribisch und ehrlich dir gegenüber, wie du kannst. Du wirst wertvolle Erkenntnisse daraus

ziehen, die du für das nächste Mal nutzen kannst. Du wirst wachsen und dich weiterentwickeln. Das kann aber nicht geschehen, wenn du Bereiche, die eigentlich deiner Verantwortung oblagen, anderen Menschen in die Schuhe schiebst und du die Ursachen an der falschen Stelle suchst, weil sie dir unangenehm sind. Erkenne deine Verantwortung an. Suche ernsthaft nach deinen eigenen Schwachstellen. Denk dran: Authentizität gibt Kraft! Sei dir selbst gegenüber ehrlich, du kannst dich eh nicht überzeugend selbst belügen, wie du ja weißt!

- Auch die großen weltberühmten Dichter, Denker, Tüftler, Wissenschaftler, Künstler und Könner haben Fehler gemacht und sind Irrwege gegangen, sie waren Teil ihres Schaffensprozesses und damit Bedingung und Voraussetzung für ihren späteren Erfolg! Gestatte dir Umwege, Fehlentscheidungen, kühne Experimente, die ins Nichts führen! Lade das Scheitern in dein Leben ein und lasse es zu etwas Normalem werden, das dich nicht mehr ängstigt, sondern lehrt!
- Nimm eine sehr genaue Trennung der Dinge, die du beeinflussen kannst, und all

der anderen Dinge vor und halte diese Trennlinie auch beim Beurteilen deiner Leistung ein! Wenn du etwas, das gar nicht deiner Macht oblag, zu *deinem* Versagen machst, ist das genauso falsch und schädlich, wie wenn du Verantwortung, die eigentlich dir gehört, wegschiebst! Und vergiss niemals, dass es unmöglich DEIN VERSAGEN sein kann, wenn Dinge schiefgehen, die du nicht oder nur in Teilen beeinflussen konntest! Nimm zum Beispiel mal an, ein Mitarbeiter am Fließband eines Industriebetriebs bekommt permanent qualitativ minderwertige Rohware angeliefert. Kann er daraus ein überzeugendes Endprodukt fabrizieren? Nein, kann er nicht – egal, wie intensiv er sich abmüht und wie kompetent und fähig er ist! Manche – sogar erstaunlich viele – Dinge entziehen sich deiner Macht! Dir bleibt nichts, als das zu akzeptieren und möglichst früh genau zu erkennen, wenn wir dir ein fremdes Versagen als Ei ins Nest gelegt werden soll.
- Erstelle dir eine eigene Definition von „Erfolg" und „Scheitern"! Nicht immer ist das Endergebnis das (einzige) Ziel – manchmal kann auch der Prozess das Ziel sein!

Vielleicht hast du nicht erreicht, dass deine Nachbarin die Blätter von ihren Bäumen auf deinem Grundstück wegkehrt, aber du hast es geschafft, ihr deine Meinung zu sagen! Ist das kein Erfolg, obwohl die Blätter immer noch auf deinem Rasen liegen? Vielleicht hast du das von deinem Chef viel zu hoch gesteckte Ziel, siebzehn Tabellen auszuwerten, heute nicht geschafft, aber vierzehn sind fertig und fehlerfrei! Ist das kein Erfolg, auch, wenn dein Chef die Nase rümpft? Vielleicht hast du ein Etappenziel erreicht, sieben statt zehn Kilo abgenommen, zwar den Haushalt nicht gemacht, dafür aber mit deinem Kind auf dem Spielplatz getobt, etwas geschaffen, das – unabhängig davon, wieviel Geld es einbringen wird – seinen ganz eigenen Wert hat! Vielleicht hast du dich selbst überwunden oder warst besonders fürsorglich dir selbst gegenüber. Hast etwas gewagt, das dir Angst gemacht hat. Jemandem die Stirn geboten. Zivilcourage gezeigt. Etwas angefangen und bist drangeblieben! Vielleicht hast du etwas nicht geschafft, weil du einer Freundin mit einem Problem zugehört hast. Vielleicht hast du in einer Prüfung eine Drei, aber du hast sie bestanden, obwohl du auch hättest durchfallen können! Auch, wenn unsere Gesellschaft uns manchmal etwas anderes weismachen will: Erfolg definiert sich nicht immer durch Zahlen und metrische Daten! Erfolge sind nicht nur dann wertvoll, wenn sie größtmöglich sind und sich am besten noch erheblich von denen unserer Mitmenschen abheben! Erfolge können auch klein und sehr persönlich sein! Trage sie nach außen und sei stolz darauf! Niemand wird sie ernsthaft infrage stellen, wenn DU von ihnen überzeugt bist und das auch so signalisierst!

- Hier müssen wir uns auch nochmal dem Vergleichen widmen, das bereits beim Neid eine Rolle spielte: Vergleichen ist ein sicherer Weg, um dich selbst unglücklich zu machen. Egal, wie gut du in etwas bist, es wird immer jemanden geben, der darin besser ist als du! Und dank unserer global vernetzten Welt, stehen die Chancen, sogar auf viele Menschen zu stoßen, die besser sind als du, gar nicht so schlecht. Die einzige Lösung, um diesen unseligen, unsinnigen Frustauslöser in den Griff zu kriegen, ist die rigorose Vermeidung von Vergleichen! Verzichte darauf und übe diese Denkweise so häufig ein, bis sie dir selbstverständlich wird. Niemand zwingt uns dazu, uns stets und ständig zu vergleichen und immer das Gefühl zu haben, wir befänden uns in einem Wettbewerb! Warum lassen wir es also nicht einfach bleiben? Warum sehen wir unseren Kollegen nicht vielmehr als Mitstreiter oder zumindest als neutralen Gefährten im selben Boot, denn als Rivalen? Warum lassen wir anderen Menschen nicht ihren Raum und achten nur darauf, unseren eigenen passend auszufüllen? Warum schieben wir das unrealistische Gefühl von Bedrohung nicht einmal zur Seite und DAS in den Fokus, was uns verbindet und wo wir einander helfen können?

Zugegeben, das ist nicht immer einfach, aber es sind vielfach auch nur Gewohnheiten, in die wir aus Bequemlichkeit oder Faulheit fallen oder weil wir unachtsam sind. Eingeschliffene Denkwege, die sich längst überholt haben! Wenn wir bewusst aufhören, zu vergleichen, sind auch die Begriffe „Scheitern" und „Versagen" nicht mehr relevant und wir müssen uns nicht mehr mit Scham- und Schuldgefühlen herumschlagen, weil wir mit unseren eigenen

Ansprüchen auf eine Sandbank gelaufen sind. Wir könnten die Gelegenheit nutzen, um von unserer Sandbank aus das fremde Gelände zu erkunden und Neues zu entdecken!
- Wenn du schon unbedingt vergleichen willst, dann wähle einen Maßstab, der realistisch und fair ist! Vergleiche dich nicht immer nach oben mit den Menschen, die vermeintlich bessere Lebensvarianten erwischt haben, sondern betrachte die Welt umfassender: Gibt es Menschen, die in ihrer Lage vielleicht sogar DICH beneiden würden, weil sie noch Schlimmeres zu ertragen haben? Menschen, deren Päckchen größer oder ganz anders ist als deins?
Oder vergleiche dich mit der Person, die du in der Vergangenheit warst! Hätte dein siebzehnjähriges Ich diese eine bestimmte Herausforderung gewagt? Vielleicht nicht, aber du! Und selbst, wenn du damit baden gegangen sein magst, bist du doch mutiger, erfahrener, reifer und selbstbewusster als in deiner Jugend oder vor Jahren! Diesen Punkt erwähne ich deshalb zweimal im Buch, weil er wirklich wichtig ist.

- Verbanne Idealismus und Perfektionismus aus deiner Welt! Das sind unerreichbare theoretische Konstrukte, die niemals zu erreichen sind und deshalb früher oder später immer unglücklich machen. Sie sollten dir weder von außen auferlegt, noch von dir selbst zum Maß aller Dinge gemacht werden, denn, glaub mir, von diesen trügerischen Möhren wirst du ganz sicher niemals kosten, wie eilig du auch voranschreitest! Sie baumeln verlockend vor deinem Auge und duften verführerisch, aber wenn du mit der Nase daran stößt, wirst du feststellen, dass sie ein Trugbild sind, das bei der kleinsten Berührung zu Staub zerfällt.
- Werte die Dinge versuchsweise anders, nimm neue Perspektiven ein: Warum kann eine bitterböse Schlacht nicht auch mal ein spannendes Spiel sein? Warum kann eine verkrampfte Challenge nicht zu einem leichtfüßigen Tanz werden? So lange du dir selbst und deinen Werten treu bleibst und keine verbrannte Erde in deiner Umgebung hinterlässt, darfst du dieses Leben auch als Experimentierfeld nutzen. Tritt mal zwei Schritte zurück und stelle fest, dass dich das nicht wie

befürchtet umhaut! Teste einmal etwas aus, gehe ein Risiko ein, sei ganz bewusst einmal eben nicht perfekt! Dabei ist es wichtig, sich deine behagliche Komfortzone als Option zu bewahren, in die du jederzeit zurückkehren kannst, um neue Kraft zu schöpfen.
- Wozu nicht oft genug aufgefordert werden kann: Erfreue dich an deinen Erfolgen, und zwar nicht nur an den großen! Klar, ist es ein Grund zum Feiern und um sich auf die Schulter zu klopfen, wenn man einen hohen Berg bezwungen hat! Aber es ist genauso schön (und sehr sinnvoll), sich über all die Kleinigkeiten im Alltag zu freuen, die man gut hinbekommt! Sie gehen oft unter, werden zu wenig beachtet, lösen nicht wirklich bewusst Freude aus – dabei sind es doch genau diese kleinen Momente in ihrer Fülle und ihrer Vielfalt, die unsere Herzen lächeln und vor Glück erbeben lassen! Auch, wenn du keine weltbewegenden Dinge getan und keine Meilensteine bezwungen hast, so füllst du doch deine Tage mit vielen Herausforderungen, die bewältigt werden wollen, mal leichter, mal schwerer.

Sorgst du in deiner Familie für reibungslose Abläufe? Schmierst du Frühstücksbrote, denkst du an Arztbesuche, betreust du Hausaufgaben? Organisierst du Muttis Geburtstagsfeier? Recherchierst du den neuen Kühlschrank, der dringend gebraucht wird? Pflegst du Garten, Tiere, Angehörige? Bist du in der Firma oder daheim das Mädchen für alles, ohne das nichts wirklich liefe, weil alles im Chaos versinken würde? Erledigst du deine Aufgaben, wie unbedeutend sie auch erscheinen mögen, mit Liebe, Sorgfalt und Herzblut?

Dann bist du ein in jeder Hinsicht erfolgreicher Mensch! Sich und seine Lieben durch die Absurditäten des Lebens zu manövrieren ist kein leichter Job und manchmal sogar eine Bürde! Erkenne an, wie fleißig, souverän und unermüdlich du Tag für Tag deine Päckchen stemmst und belohne dich dafür auch ganz bewusst mit Auszeiten. Erfolge sind nicht immer groß und wichtig! Zuweilen sind es die scheinbar winzigen Dinge, die erst bei näherem Hinsehen vor deinem Auge auftauchen, die das Gewebe unseres Lebens überhaupt zusammenhalten.

- Du wirst erkennen, dass du – wenn du so oder ähnlich denkst und handelst – an dem, was dir widerfährt, wächst, statt daran zu verzweifeln! Dein Selbstvertrauen bekommt mit jeder neuen Erfahrung stabilere Füße, die wiederum weiteren neuen Erfahrungen den Weg ebnen. Du wirst dir mehr zutrauen, mehr wagen und, wenn du fällst, schneller wieder aufstehen. Du wirst dir rascher und umfassender verzeihen und auch deinem Umfeld ein angenehmerer Gefährte sein, weil du klar, verbindlich und stark in deinen Handlungsweisen bist. Die ewige Unsicherheit, die dir immer im Nacken saß, wird von einem ständigen Schreckgespenst zu einem gelegentlichen Besucher, der sich mit Leichtigkeit in die Schranken weisen lässt.

  Es ist nicht das Leben, das uns Knüppel zwischen die Füße wirft, wenn wir vorankommen wollen – es sind falsche oder nicht zielführende Erwartungen, die uns sogar ganz ohne Knüppel stolpern lassen.

Das alles heißt natürlich nicht, dass du nun nur noch grinsend und feiernd durch deine Tage jagen sollst, weil ja alles supertoll läuft oder dass du dir Misserfolge schönredest, am besten noch als

Begründung, um nicht mehr aktiv werden zu müssen oder Verantwortung von dir zu schieben!

Die Verantwortung, aus deinem Leben etwas zu machen, wird immer bei dir selbst verbleiben. Und ja, manchmal ist das Dasein anstrengend, nervig, ungerecht und sogar scheußlich. Die Frage ist dann allerdings, ob es wirklich immer das Beste sein muss, das du aus deiner Zeit hier machst, oder ob das Bestmögliche oder einfach nur etwas Gutes manchmal auch die richtige und eine völlig ausreichende Wahl darstellen.

Wenn Erfahrungen dich ereilen, die furchtbar weh tun, dann hilft auch die beste Strategie wenig dagegen! Was aber immer hilft, sind Akzeptanz (der Realität) und liebevolle Selbstfürsorge. Wenn es dich so richtig niedergebrettert hat, dann gib dir selbst Zeit und Gelegenheit, um dies zu verarbeiten und sei dabei nicht zu streng mit dir. Sei nett zu dir! Freundlich, liebevoll, herzlich! Sei dein Freund, denn gerade, wenn du auf der Nase liegst, brauchst du das am meisten! Manchmal müssen Verluste auch ausgiebig betrauert werden, bevor man im Leben weitermachen kann! Das ist vollkommen in Ordnung und kann auf sehr verschiedene Arten umgesetzt werden.

In allen Belangen ist es immer eine gute Idee, auf das eigene Herz zu hören und sich zu überlegen, was man in dem fraglichen Moment gerade braucht. Nur selten wird das Herz sagen: *Mehr Erfolg! Noch mehr Druck!* Es wird dir vielmehr bestätigen, dass GUT meistens GUT GENUG ist. Und das ist ein sehr bedeutender Erfolg.

Der Umgang mit eigenen Schwächen

Wenig erstaunlich knüpft dieser Punkt direkt an das letzte Kapitel an. Und auch hier liefert schon direkt die Frage nach der Definition viel Erhellendes: Was überhaupt sind denn genau „Schwächen"? Und verhalten sie sich genauso zu „Stärken", wie es der „Erfolg" zum „Scheitern" tut? Oder ist auch dieses geheimnisvolle Verhältnis viel komplexer, als wir denken?

In der Tat, das ist es! Doch wir denken selten darüber nach und nutzen die gewohnte Definition in der Regel unüberlegt und unreflektiert und wundern uns dann, dass wir unter Selbstzweifeln und wenig Selbstvertrauen leiden.

Tatsächlich sind all unsere Eigenschaften, Fähigkeiten, Marotten und Kenntnisse von der Evolution grundsätzlich erstmal so gedacht, dass sie uns beim Überleben helfen. Manchmal nicht ganz so passgenau umgesetzt, wie es eigentlich die Absicht gewesen sein muss, stehen sie uns zuweilen im Weg und rufen unsere Abneigung hervor – aber haben sie das wirklich verdient? Mag sein, dass sich manches Überlebensprogramm inzwischen überholt hat und nicht mehr in unsere Zeit hineinpasst, aber dennoch muss man doch allerbeste Absichten unterstellen, denn wie immer geht es stets nur darum, uns zu schützen und den bestmöglichen Weg durchs Leben finden zu lassen. Ob und wie eine Eigenschaft nun dabei hilft oder uns behindert, kann so oder so ausgelegt werden! Keine Eigenschaft ist per se als „Schwäche" zu definieren – oder vielmehr zu diffamieren! – und all den sogenannten „Stärken" können durchaus Schwächen innewohnen. Wie bei allem kommt es auch hier auf die Perspektive und das richtige Maß an. Viele Eigenschaften lassen sich in dieser Zweiteilung überhaupt nicht wiederfinden, weil sie, je nach Situation und Ziel, sowohl Vor- als auch Nachteile haben.

Nehmen wir zum Beispiel die Eigenschaft „willensstark": So jemand kann ein Vorbild sein, der alles, was er sich wünscht, im Leben mit Leichtigkeit zu erreichen scheint, aber auch ein unangenehm sturer, engstirniger Zeitgenosse, der Gruppen sprengt. „Tierlieb" ist positiv, nicht wahr? Gewiss, aber für einen Vorarbeiter in einer Schlachtfabrik eher hinderlich! Eine „verständnisvolle" Pädagogin, Sozialarbeiterin oder Therapeutin kann Menschen helfen, in einem Unternehmensvorstand sieht sich so eine Person allerdings unzähligen zermürbenden Diskussionen gegenüber, denen sie nicht gewachsen ist und wird als nicht sehr durchsetzungsfähig wahrgenommen. „Herzlich und offen sein" kann zu viel Vertraulichkeit transportieren und Tratschereien fördern.

„Kluge" Menschen können angeberisch und besserwisserisch rüberkommen, „schüchterne" Menschen gehemmt und desinteressiert an ihrem Gegenüber wirken, aber auch geheimnisvoll und reizend. Alles eine Frage der aktuellen Situation, in der man sich gerade befindet und wandelbar wie ein Chamäleon.

Dieses Wissen um die Vieldeutigkeit der eigenen „Stärken" und „Schwächen" kann dir dabei helfen, sie in einem ganz neuen Licht zu betrachten und vielleicht sogar für dich zu nutzen, indem du die Stärken bewusst ausagierst und die „Schwächen" in Stärken umwandelst!

Den angeblichen „Schwächen" kommt eine besondere Bedeutung zu: Ihre Definition ist immer abhängig von deinen eigenen Werten, nach denen du dein Leben ausrichtest und den Zielen, die du verfolgst. Steht dir deine Schwäche dabei im Weg, (oder verstößt sie gegen deine Werte), ist es vielleicht tatsächlich an der Zeit, an ihr zu arbeiten, sie etwas abzumildern oder neue Stärken einzuüben. Oft wird es aber sogar der Fall sein, dass deine vermeintliche Schwäche dir sogar ganz und gar passend entspricht, weshalb du sie durchaus auch als versteckte Stärke anerkennen könntest. Eine Person etwa, die sehr sensibel ist, mag ihre Empfindlichkeit als störend und unangenehm, als Stolperfalle auf dem Lebensweg empfinden, weil sie schnell erschöpft und überfordert ist, lange Ruhephasen braucht und gern mal als Mimose belächelt wird. Für eine soziale Gruppe sind diese feinsinnigen, kreativen, mitfühlenden und harmonisierenden Persönlichkeiten aber ein großes Geschenk, denn sie führen Menschen zusammen, sorgen für Austausch und Tiefe und bringen Herzenswärme ins Leben aller.

Du siehst, Schwächen in diesem Sinne gibt es gar nicht! Es gibt nur Eigenschaften, die dir bei deinem Weg durch das Leben möglicherweise im Weg stehen oder dich umgekehrt beflügeln und vorantreiben könnten.

Wenn du unter einigen deiner Eigenschaften („Schwächen") leidest, dann mache dir bitte Folgendes klar:

- Du bist keineswegs allein. Jedes Wesen auf dieser Erde hat mit seinen ganz eigenen Dämonen zu kämpfen! Es ist nichts Besonderes und schon gar nichts Schlimmes. Es ist einfach, wie es ist. Lebe damit, wie die Anderen auch!
- Du kannst sie bekämpfen und anfeinden oder akzeptieren. In beiden Fällen wirst du sie niemals endgültig loswerden, weil Menschen sich nicht von Grund auf

ändern. Die erste Option ist aber weitaus unangenehmer als die zweite. Söhne dich also mit der Tatsache, dass du – wie jeder Mensch – Schwächen hast, lerne sie kennen und arrangiere dich mit ihnen. Einige kannst du anpassen oder verändern, andere nicht. Nimm sie hin und nimm sie an, dann lebt es sich leichter!

- Wenn du eine bestimmte Eigenschaft als hinderlich oder nachteilig empfindest, überprüfe, ob du dich in einem für dich stimmigen, passenden Umfeld befindest. Manchmal sind es einfach die Lebensumstände selbst, die uns nicht wirklich entsprechen. Manchmal sind die Hindernisse andere Menschen um uns herum, die nicht zu uns passen. Manchmal ist unser Milieu schädlich und es ist gar nicht unsere „Schwäche", die Probleme auslöst, sondern das Außen unseres Lebens. Und die „Schwäche" macht uns nur darauf aufmerksam, dass wir das Falsche tun, uns mit den falschen Menschen umgeben oder uns am falschen Ort empfinden. Unterschätze diese Gefahr nicht!

Selbst der stärkste Seelengoliath bricht mit Burnout zusammen, wenn die Arbeitsbedingungen unerträglich sind und nicht geändert werden können. Kluge, kreative, schlaue und empfindsame Seelen gehen in kapitalistischen Strukturen, in denen dem Kommerz eine allzu überwältigende Allmacht zugeschrieben wird, zugrunde und werden unter solchen Umständen nur schwer bedeutsame Werke schaffen. Kinder scheitern an Schulsystemen, strebsame und wissbegierige ArbeitnehmerInnen am Arbeitsmarkt, der für Maschinen gemacht und an den Wünschen der Arbeitgeber ausgerichtet wurde. Führungspersönlichkeiten gehen unter der Last ihrer Verantwortung in die Knie, aber nicht, weil ihnen Kompetenzen und Schneid fehlen, sondern weil ihr Entscheidungsspielraum von oben so beschnitten wird, dass sie Äffchen in Käfigen gleichen, die von Gitterstab zu Gitterstab springen, und einen Laden am Laufen halten sollen, der längst verloren ist.

Es gibt unzählige Beispiele für diese falschen Orte im Leben und wir werden uns in ihnen häufiger wiederfinden, als uns lieb ist! Wir tun dann gut daran, die Ursachen nicht (nur) in der Frage zu suchen, wie unsere Persönlichkeit gestrickt ist, sondern Bedingungen einzubeziehen, die

uns erheblich beeinflussen, umgekehrt von uns aber nicht einmal im Ansatz verändert werden können.
- Deine Schwächen sind nur EIN Teil von dir, sie sind nicht DU. Ihnen stehen auch ganz schön viele Stärken gegenüber, die du bei aller Lust an der Klage nicht aus den Augen verlieren solltest! Wenn du dich beispielsweise gerade über deinen Körper ärgerst, weil der eine bestimmte Funktion nicht zuverlässig erfüllen will, weil er Schmerzen oder Unwohlsein erzeugt oder weil er die ein oder andere Macke an den Tag legt, bedenke all die Dinge, die durchaus klappen, die du aber gar nicht wahrnimmst, weil du ganz auf den einen Teil fokussiert bist, der nicht so gut läuft. Hast du etwa Rückenbeschwerden, dann ist das ärgerlich und blöd, vor allem, wenn diese Phase sich zeitlich hinzieht. Aber hast du auch einmal bedacht, dass es noch jede Menge andere Funktionen gibt, die dein Körper reibungslos erfüllt? Okay, der Rücken zwickt oder tut sogar übel weh – aber deine Lunge atmet, dein Körper verdaut, deine Füße tragen dich von A nach B, dein Hirn denkt, deine Sinne lassen dich die Welt wahrnehmen. Wir

sollten viel häufiger die Aufmerksamkeit auf das richten, was gut ist, und Dankbarkeit dafür empfinden! Es liegt in der Natur des Lebens, dass Körper im Lauf des Alterns verschleißen. Diesen Prozess können wir nicht aufhalten, aber wir können uns an dem erfreuen, was noch geht! In extremen Fällen werden das nur Kleinigkeiten sein, etwa bei einem Alzheimer-Patienten, dessen Körper gleichzeitig mit dem Geist mehr und mehr abbaut, bis kaum noch etwas von der Ursprungsperson übrig und auch kein selbstständiges Leben mehr möglich ist. Aber auch hier wird es immer noch etwas geben, was weiterhin gut klappt und eine Quelle der Freude sein kann. Vielleicht bleiben Spaziergänge
oder agile Hände, die gern malen? Ein Ohr, das Musik genießt? Haut, die berührt werden kann und Verbindungen schafft?
Es ist einfach, das Schicksal für erlittene Schläge zu verdammen und gedanklich in den Dingen steckenzubleiben, die Grund zum Jammern geben. Aber gesund ist es nicht und es hilft auch nicht durch den Alltag!

Da sind wir mit bewusst fokussierter Aufmerksamkeit und zelebrierter Dankbarkeit doch eher auf der Seite der Glücklichen.
- Du kannst Schwächen in Stärken verwandeln, indem du deine Einstellung zu ihnen änderst. Ein „stiller" Mensch ist vermutlich ein verträglicher Gesprächspartner, der gut zuhören kann – bestürzend selten in unserer zur Egozentrik auffordernden Welt! Ein „fauler" Mensch ist dazu in der Lage, eine aktive Work-Life-Balance zu leben und gönnt sich – im Idealfall ohne schlechtes Gewissen – Auszeiten, um zu regenerieren: ein perfektes Vorbild für all die Burnout-Gestressten! Ein „ungeduldiger" Mensch will schnelle Ergebnisse sehen und verfolgt daher seinen Weg umso schneller und umso beharrlicher: ein mitreißend energetisches Wesen, das sogar anstecken kann! Und ein „vorlauter" Mensch lässt sich nicht nur nicht übervorteilen, sondern kann als Rebell und Pionier unter Umständen sogar erhebliche Strukturveränderungen in verkrusteten, obsoleten Systemen hervorbringen.

Du siehst, alles ist relativ! Sei dir deshalb gnädig mit all deinen Stärken und

Schwächen und freue dich darüber, wie bunt und vielfältig du bist.
- Du kannst dich selbst besser annehmen, je besser du dich einschätzen kannst: Nimm dir deine Selbstbild-Liste aus dem Anfangskapitel vor. Finde in all deinen positiv bewerteten Eigenschaften einen kleinen Wermutstropfen, der deine „gute" Eigenschaft relativiert. Finde in deinen als „schlecht" bewerteten Eigenschaften den Goldschatz, der darin verborgen ist. Deute sie positiv um, erkläre, argumentiere und begründe! Beschreibe Situationen und Umstände, in denen dir diese „negative" Eigenschaft dienlich sein kann. Auf diese Weise lernst du dich noch besser kennen und siehst, dass man viele unterschiedliche Perspektiven einnehmen kann, die ein endgültiges Urteil erheblich erschweren, weshalb man dieses Urteil eben auch nicht ganz so ernst nehmen sollte.
- Vergiss die Selbstfürsorge nicht! Auch und gerade ein Körper, der nicht perfekt funktioniert, ein Geist, der Macken und Marotten hat und eine Persönlichkeit, die sich aus hellen UND dunklen Punkten zusammensetzt, haben es verdient, dass sie

umsorgt und gut behütet werden! Sie danken es dir, indem sie zu jeder Zeit deines Lebens ihr Bestmögliches geben!
- Wenn du deine Schwächen akzeptierst und integrierst, vielleicht sogar umdeutest, umgekehrt aber auch deine Stärken relativierst und verschiedene Perspektiven einübst, dann wird dein Selbstvertrauen wachsen und stabiler werden. Es ist, wie wenn du Schicht um Schicht mehr Rinde um einen Baum wickelst, der dadurch mächtiger und standhafter wird. Mit jeder deiner eigenen Schichten, die du dir bewusst machst, gewinnst du an Selbstsicherheit und dem Gefühl, einen Wert zu besitzen.
- Erweist sich eine Eigenschaft tatsächlich als hinderlich, dann kannst du an ihr arbeiten, sodass sie nicht mehr so ins Gewicht fällt, sogar nachlässt. Bist du zum Beispiel in sozialen Situationen sehr gehemmt, kannst du durch ein neues Mindset und stetiges Üben im Alltag deine Selbstsicherheit steigern. Das ist allein möglich, kann aber auch durch einen Coach oder Therapeuten Unterstützung erfahren.

Du würdest in einem solchen Fall Stück für Stück mit verschiedenen, am Schwierigkeitsgrad zunehmenden Übungen dein Selbstvertrauen systematisch stärken, bis deine Hemmungen durch gesündere und zielführendere Handlungsweisen ersetzt werden. Auch in diesem Fall ist deine Schüchternheit und Selbstunsicherheit nicht „schlecht" oder „negativ", aber sie kann eben dafür sorgen, dass du dein Leben in privater oder beruflicher Hinsicht nicht nach deinen eigenen Vorstellungen zu gestalten vermagst. Dann kannst du daran arbeiten und Abhilfe schaffen.

Sich seiner Stärken bewusst zu sein und seine Schwächen zu akzeptieren und zu integrieren bedeutet nicht, dass wir alle als fehlerlose Superhelden durch die Weltgeschichte hüpfen.

Es bedeutet, sich der Mehrdeutigkeit des Lebens bewusst zu sein und anzuerkennen, dass es nicht nur eine einzige Sicht auf die Dinge gibt. Das soll kein Freibrief für Verantwortungslosigkeit im Sinne von „Ich kann nicht anders, ich bin eben so" sein. Freilich sollst du auch weiterhin für die Dinge, die du tust und die Entscheidungen, die du triffst, geradestehen. Aber ein bisschen weniger Druck tut manchmal auch ganz gut und das entsteht eben dadurch, dass Urteile nicht mehr ganz so hart, eindeutig und endgültig ausfallen. Und natürlich durch unsere einzigartige Fähigkeit der Wandelbarkeit: Immer und jederzeit können wir unsere Bewertungen von einst überdenken und neu justieren. Und weil wir mit zunehmendem Alter nicht nur gelassener, sondern auch weiser werden, fällt uns der Perspektivenwechsel leichter, je mehr Erfahrungen wie bereits unser eigen nennen können.

Fakten sind nicht unwiderruflich. Die Dinge ändern sich, wir selbst ändern uns. Nicht über Nacht und nicht massiv, aber doch in einem steten Fluss, der das Dasein auch irgendwie unberechenbar und damit aufregend macht. Wer weiß schon, welche Persönlichkeit du morgen, nächsten Monat, nächstes Jahr sein wirst? Im Kern sicherlich dieselbe, aber die vielen unglaublichen Facetten, die dich changierend und wandelbar zeigen, werden dich selbst erstaunen! Und so werden auch Stärken und Schwächen nur zu Zuschreibungen, die für den Moment gelten mögen, aber bald schon ganz anders sein könnten. Bleibe offen für diesen Prozess und verbeiße dich innerlich nicht allzu stark in dem Drang, immer alles werten und bewerten zu wollen. Je vielseitiger du dich dem Leben präsentierst, umso mehr Seiten wird es dir auch von sich selbst zeigen.

Wenn der eigene innere Kritiker lärmt

Du kennst ihn bestimmt, diesen nervigen kleinen Kobold in deinem Kopf, der ständig alles kommentiert, was du machst – und dabei häufig nicht besonders freundlich ist! Die innere Stimme stammt ursprünglich von all jenen Stimmen ab, mit und unter denen wir aufgewachsen sind. Eltern, Lehrer und andere Menschen um uns herum, unsere Freunde und Feinde, enge Beziehungen oder ferne Bekannte – sie alle hatten uns über viele Jahre zu erklären, wie die Welt ist und wie wir selbst darin sind. Waren die Mitmenschen während deiner Kindheit und Jugend liebevoll, nachsichtig und wohlwollend, dann wird auch deine innere Stimme heute eine solche Position vertreten. Die meisten von uns erinnern sich aber eher an zahlreiche Ermahnungen, Tadel, Befürchtungen und negative Bewertungen als an Komplimente oder Hinweise auf all die schönen Aspekte des Lebens. Kein Wunder also, dass wir auch heute dazu neigen, uns selbst zu kritisieren, zurechtzuweisen, zu warnen und zu bremsen!

Für unser heutiges Ich ist das nicht wirklich hilfreich: Nun bemerken wir zwar ausgiebig all das Negative um uns herum, um uns davor in Acht nehmen zu können. Und natürlich erkennen wir auch vorrangig all das Negative an uns selbst, um daran arbeiten und es in Schach halten zu können. Aber Lebensfreude, Leichtigkeit und vor allem die Selbstliebe bleiben dabei auf der Strecke. Denn wie redet dieser Kobold ständig mit uns? Flüstert er uns liebevoll aufbauende Worte ins Ohr, die uns bestärken und Mut machen, Dinge zu wagen? Oder ist es nicht vielmehr so, dass er lärmt und tobt und es nicht versäumt, uns unsere Mängel und Fehler vor Augen zu führen? Warum tut der das?

Er tut aus Gewohnheit – er hat es ja schon immer getan und Gewohnheiten sind schwer zu ändern, vor allem, wenn sie unbewusst ablaufen. Und dann will er uns eigentlich Gutes tun: Er will uns schützen und dafür sorgen, dass wir besser werden, unser Bestes geben, den Anschluss nicht verlieren, auf den Zielgeraden bleiben und uns erfolgreich im Leben behaupten. Er weiß nicht, dass Genörgel und Kritik uns dabei nicht wirklich weiterhelfen! Noch schlimmer trifft es jene von uns, die traumatisierend schlechte Behandlungen durch Mitmenschen erfahren haben: Die gedemütigt, beleidigt, gemobbt, unterdrückt und fertiggemacht wurden: Bei Menschen mit diesen Erlebnissen hat sich ein besonders hässlicher Kobold tief in die eigene Persönlichkeitsstruktur eingebrannt: Er setzt all die Misshandlungen innerlich fort, selbst wenn sie in der Realität schon lange

Geschichte sein mögen. Besonders verheerend sind diese Verletzungen und Kränkungen, wenn sie uns von Menschen zugefügt wurden, denen wir vertrauten, die wir liebten, von denen wir uns verzweifelt Liebe wünschten. Sie sind wie Donnerschläge, die auch lange, nachdem ihre Ursache schon verschwunden ist, durch unser Unterbewusstsein hallen und dort immer wieder katastrophale Nachbeben erzeugen, die unser ganzes mühsam aufgebautes Selbstvertrauen mit sich in die Tiefe reißen.

Was uns zugestoßen ist, während wir aufwuchsen, darauf hatten wir keinen Einfluss und wir können es heute nicht mehr ändern. An unseren Erfahrungen und Erlebnissen gibt es nichts mehr zu rütteln, sie sind ein unveränderlicher Teil unserer Biografie, der keine Variationen zulässt. Wir können sie uns nicht mehr schöner schreiben und unsere Psyche nicht vor dem bewahren, was sie längst durchlitten hat.

Was wir aber durchaus können, ist, eine Umprogrammierung unserer inneren Stimme durchzusetzen: Der kleine Kobold kann von einem grimmigen Quälgeist zu einem Quell des Zuspruchs werden. Wir können zwar nicht die Vergangenheit ändern, aber deren Einfluss auf unser heutiges Selbst! Und damit können wir die Weichen für unsere Zukunft neu stellen! Denn *was* der

Kobold von sich gibt und *wie* er es tut – das darf heute unsere eigene Wahl sein, schließlich ist er ein Geschöpf unseres Kopfes – und wann wäre Selbstzerstörung jemals sinnvoll gewesen? Wir können diesen Kobold treffen und ihm zeigen, wie er uns künftig helfen kann. Er ist gern bereit dazu, weil er viel und gern dazulernt, wenn man es richtig anstellt! Vermutlich hat er das ganze destruktive Gelaber, das euch beiden das Leben schwer macht, selbst auch schon ganz schön satt!

Tipps zum Umgang mit dem inneren Kritiker:

- Generell gilt: Dein innerer Kobold ist nicht bösartig oder schlecht. Er hat das, was er tut, einfach nicht besser gelernt! Sein Ziel ist, dich zu schützen und erfolgreich durchs Leben zu begleiten, deshalb warnt er gern vor realen und eingebildeten Gefahren, macht sich viele Sorgen, betrachtet ausgiebig die negativen Aspekte einer Sache und versucht, dich davor zu bewahren, Fehler zu machen, dich zu übernehmen oder dich zu überschätzen. Der Weg, der er dafür nutzt, ist freilich nicht zielführend, aber das weiß er nicht. Und so solltest du seine positiven Absichten unbedingt anerkennen und ihn wissen lassen, dass du seine Bemühungen schätzt. Manchmal ist er ja sogar ganz nützlich! Wären wir überhaupt nicht kritisch, wären wir nicht dazu in der Lage, zu reflektieren und aus Fehlern zu lernen! Wir würden uns kein bisschen weiterentwickeln, denn da, wo alles tutti ist, findet keine Entwicklung mehr statt! Wir würden uns außerdem ungeschützt in die absurdesten Abenteuer stürzen und uns der Welt in einer Version präsentieren, die ziemlich unerträglich ist! Der Kritiker hat also durchaus seine Berechtigung und wichtige Funktionen! Höre dir deshalb gern immer an, was er zu sagen hat, danke ihm dafür und entscheide dann, was von seinen Aussagen du für dich nutzen willst.

- Trotzdem ist sein Urteil nicht das ultimative und auch nicht das einzige. Es leben auch noch andere Stimmen in dir, die zu Wort kommen könnten, wenn du sie lassen würdest: Der kreative Spinner zum Beispiel hätte bestimmt ein paar ungewöhnliche Vorschläge zur Problemlösung parat. Die Stimme einer sanften, in sich ruhenden Vernunft kann Bomben aller Art entschärfen. Das furchtlose Raubtier weiß sich zu verteidigen und kennt seine

Stärken. Der oder die weise Alte mahnt an deine Werte und schlägt vor, dich an diesem oder jenem von ihnen zu orientieren. Es könnte sehr viele verschiedene Aspekte deiner Persönlichkeit geben, die alle etwas zu deinem aktuellen Thema beizutragen hätten, was wiederum bedeutet, dass du nicht nur mehr Strategien zur Verfügung hast, als du dachtest, sondern dass deinem Kritikerkobold nicht ganz und gar das Feld überlassen werden kann.

Zwar kannst du ihn nicht ignorieren oder wegjagen – er wird sich früher oder später immer wieder mit seinem Geplapper in dein Unterbewusstsein drängeln – aber du kannst ihm klarmachen, dass er keineswegs allmächtig ist und die Meinungen seiner PartnerInnen im inneren Team anerkennen muss. Dies beschränkt seine Macht und erweitert dadurch deinen Handlungsspielraum im Fühlen, Denken und Tun!

Denke dir ein paar weitere innere Stimmen aus, die dir positiv zur Seite stehen und den Kritiker in die Schranken weisen. Erfinde Namen, male dir ihre Gestalt aus, erwecke sie von deinem inneren Auge zum Leben! Je bunter und größer dein

inneres Team ist, umso mehr Fähigkeiten stehen dir zur Verfügung. Sie dürfen auch gern real Eingang in dein Notizbuch finden.
- Du solltest außerdem unbedingt eine innere Instanz erfinden, die explizit dazu dient, dein Selbstvertrauen zu steigern: Ein Wesen, das dich in den Arm nimmt und tröstet, wenn du es brauchst, das dir versichert, wie gut und richtig du bist, das dich beim Erreichen deiner Ziele unterstützt und dir deine ganzen Fähigkeiten in Erinnerung ruft, wenn dich wieder Zweifel überkommen. Dieses Wesen darf eine Gestalt annehmen, die du dir für es ausdenkst. Es stellt einen stets verfügbaren und sehr kostbaren Gegenpol zu deinem grantigen Kritikerkobold dar und seine Aussagen kannst du genauso schwer gewichten wie die des Kobolds! Befrage es, wenn der Kobold dich verunsichert! Je häufiger du das tust, umso mehr wird es sich in deinem Denken etablieren und automatisieren und dadurch verliert der Kritiker an Einfluss. Letztendlich ist auch das ein Ausdruck von Selbstfürsorge – und es wird dir viel praktische Hilfe im Leben bieten, vor allem, weil nicht immer im

Außen Menschen zur Verfügung stehen, die den Kritiker entschärfen. (Im Gegenteil, auch als Erwachsene sind wir häufig noch eher von Kritikern, Nörglern und Schwarzsehern umgeben, die unsere innere Entfaltung nicht gerade positiv bestärken.) Ein innerer Fürsprecher kann für einen Ausgleich sorgen.

- STOPP.

Das kannst du sagen, wenn er plappert und dich gnadenlos alle macht und einfach nicht aufhören will: STOPP! Wenn er dir in tausend Versionen erzählt, wie unzulänglich, unfähig und wertlos du bist ... dass du DAS nie hinbekommen wirst ... dass du schon diesen und jenen Fehler gemacht hast und den anderen auch noch ... dass du im Vergleich mit Anderen den Kürzeren ziehst ... dass niemand dich mag und du für allen Zeiten allein und einsam bleiben wirst ... STOPP!

Wenn du eine innere Stimme vernimmst, die auf völlig übertriebene und radikale Weise Negatives in den Vordergrund schiebt, in dir Schuld- und Schamgefühle verursacht oder dein seelisches Befinden gefühlt grau färbt, dann merkst du, hier ist gerade der Kobold am Werk und er ist außer Rand und Band! Gebiete ihm Einhalt, indem du laut und deutlich STOPP sagst. Widersprich ihm! Bringe ihm Gegenbeweise, schildere Momente, in denen du etwas hinbekommen hast, jemand dir mitteilte, dass er dich sehr gern hat, du dich nicht allein gefühlt hast, dir deine Fehler nicht auf die Füße fielen! Rücke sein Weltbild wieder gerade, ergänze es um den positiven Teil, den dein Kobold nicht sehen will. Manchmal wird er sich davon besänftigen lassen, aber manchmal wird er auch weitertoben und dann solltest du deinem STOPP! eine weitere Maßnahme folgen lassen:

- Mache deinen Kritiker lächerlich. Wiederhole seine Vorwürfe und Beschuldigungen mit übertriebener, lächerlicher Stimme, piepsig wie eine Maus, brummig wie ein Bär. Wiederhole das in deinem Kopf Gehörte mehrmals laut und zwar auf eine solche Art und Weise, dass du es beim besten Willen nicht mehr ernst nehmen kannst! So entwaffnest du ihn um Schärfe, Strenge und Endgültigkeit. Er ist nicht Gott, der die Naturgesetze bestimmt – er ist nur ein lärmendes kleines Würstchen in deinem Kopf, das seine positive Funktion

gerade mit heftigen Übertreibungen und ganz handfesten Lügen ad absurdum führt! Ihm darf ebenso radikal und lächerlich begegnet werden, wie seine überzogenen Aussagen es sind!
- Umgib dich mit Menschen, die dich wirklich schätzen und lieben. Schmeiße alle anderen ohne Zweifel und ohne schlechtes Gewissen raus! Ja, das meine ich wirklich so! Ziehen Konsequenzen und setze Trennungen um, wenn eine Bindung mehr Negatives als Positives auslöst! Und das gilt ganz besonders, wenn jemand dir ständig unter die Nase reibt, was du alles nicht kannst und wie unzulänglich du eigentlich bist! Was dir schadet, hat keinen Platz in deinem Leben – das gilt auch für Menschen, egal, wie eng du mit ihnen verwandt bist oder wie lang du sie kennst!

In einem gesunden sozialen Umfeld entfaltet sich ein gesundes Selbstvertrauen ganz von selbst, weil ein wertschätzender Umgang wie selbstverständlich auch den Eindruck suggeriert, eine gute Behandlung verdient zu haben. Andersrum kann selbst der mutigste und stärkste Mensch von Selbstzweifeln überwältigt werden, wenn sein Umfeld ihm permanent negative Rückmeldungen spiegelt.

Du darfst dich bewusst für Menschen als Lebensbegleiter entscheiden, die dich mit ehrlichem Lob (auch ehrlicher Kritik!), freundlicher Rückmeldung und respektvoller Bestätigung stärken. Und du darfst all die Anderen rauswerfen, die in das Horn deines Kritikers pusten und dich verunsichern und kleinmachen. In seltenen Fällen ist es nicht möglich, äußerlich für Distanz zu sorgen, aber dann bleibt immer noch die Möglichkeit übrig, innere Distanz zu wahren:

Dein Gegenüber kann jedes Urteil fällen, das ihm in den Kram passt – aber DU selbst entscheidest, ob ein Urteil über dich auch von dir geteilt wird! Du hast immer die Freiheit, dir ein eigenes Bild zu machen und auf die Worte eines Mitmenschen nicht zu hören.

Ja, das sind ein paar ungewohnte oder sogar unbequeme Schritte! Nichts, was man mal eben so umsetzt, sondern es wird dir ein paar Schweißperlen und Tränen abverlangen. Aber hast du dir mal klargemacht, was passiert, wenn dein Kritiker ungebremst schalten und walten kann?

Welchen Schaden er in deiner Psyche und deinem Leben anzurichten vermag? Er hemmt und blockiert dich, zerstört deinen Glauben an dich selbst, steht deinen Wünschen, Träumen und Zielen und vor allem deren Verwirklichung im Weg. Er macht aus dir ein furchtsames Geschöpf, das sich selbst und anderen Menschen nur schwer vertraut und sorgt für eine erhebliche Unzufriedenheit und Schwere im Alltag. Alles wird zu einem Kampf (oder Krampf) und du wirst dir selbst fremd.

Es lohnt sich also, den Kobold im Zaum zu halten! Und es ist möglich, denn dein Kopf gehört dir – und du kannst kraft deines Willens wählen, was du glauben möchtest und was nicht!

Wenn du von anderen kritisiert wirst

Über den Umgang mit Kritik lohnt sich ein eigenes Buch, es ist sehr umfassend und komplex. Fakt ist: Vernichtende Kritik kann dein Selbstvertrauen erschüttern, gute Kritik dein Selbstbild klären und verbessern. Weil eine direkte Wechselwirkung zwischen den Rückmeldungen, die du aus deinem Umfeld erhältst, und deinem Selbstwertgefühl besteht, ist es wichtig, die Kritik richtig einzusortieren:

Warum und wie wirst du kritisiert?

Prüfe, ob die Kritik, die du erhältst, sachlich, wohlwollend und erwünscht von dir ist. Soll sie dir helfen oder dir schaden? Ist sie fair und vernünftig formuliert oder unverständlich und nicht nachvollziehbar? Hast du sie erbeten oder wird sie dir ungefragt aufgedrängt?

Ist die Kritik konstruktiv und geeignet, dich auf deinen Wegen voranzubringen, dann bedanke dich dafür und nutze sie für dich!

Ist sie hingegen verletzend, verallgemeinernd, unverschämt oder unangemessen, dann weise sie von dir – entweder faktisch mit einer entsprechenden Reaktion oder, wenn dir das nicht so leichtfällt, zumindest innerlich. Das schaffst du, indem du dich bewusst dafür entscheidest, dieses Urteil nicht an dich heranzulassen und dich damit auch nicht im Stillen quälst, es bewusst verweigerst, ihm keine Aufmerksamkeit über Gebühr schenkst.

Dein innerer Kritiker könnte auf diesen fremden Zug nur allzu gern aufspringen und ihn zu seinem eigenen machen, er plappert mit Hingabe nach, was er an vernichtenden Urteilen über dich vernimmt. Also Obacht: Behalte auch den im Blick! Wie du ihn in den Griff bekommst, hast du ja schon herausgefunden.

Von wem kommt die Kritik?

Wir werden alle permanent und pausenlos in der ein oder anderen Form von unserer Umwelt bewertet – über diesen Umstand sprachen wir bereits an früherer Stelle in diesem Büchlein. Wenn wir jede dieser Äußerungen und Meinungen als Tatsache akzeptieren würden, wäre von unserem echten Selbst bald nichts mehr übrig. Wenn wir andererseits jede Art von Rückmeldung ignorieren würden, mutierten wir schnell zu einem egozentrischen Idioten, der keinerlei Beziehungen zu anderen Menschen aufbauen kann und ein wirklich einsames, bedauerliches Dasein fristen müsste. Richtig ist also auch hier wieder der

Mittelweg: Überlege dir gut, wessen Meinung dir wirklich tief im Herzen etwas bedeutet! Auf das Urteil welcher Menschen legst du Wert, wen schätzt, respektierst und bewunderst du? Die Meinung dieser Menschen darf es sein, die bis in dein Inneres vordringt, (wobei du dennoch die letzte Instanz selbst bist), und diese Meinungen solltest du erfragen und erbitten. Dich vielleicht sogar danach richten, wenn es dir richtig zu sein scheint. Oder darüber diskutieren, einen unter Umständen notwendigen Konflikt austragen, eine Beziehung neu justieren.

Allen anderen Urteilen, noch dazu den ungebetenen und womöglich ungerechten – solltest du mit Gleichmut und Gelassenheit begegnen. Menschen urteilen aus den verschiedensten Gründen und nicht alle sind positiv für dich, es kommt sogar vor, dass sie mit dir im Grunde gar nichts zu tun haben, sondern du nur zufällig als Boxsack für fremden Frust in den Fokus gerutscht bist. Leg dir ein dickes Fell zu und lasse diese Dinge an dir abprallen. Kann sein, dass dein Boss, dein Kollege, der Busfahrer oder sonst wer, dessen Meinung dir eigentlich gar nicht wirklich wichtig ist, einen schlechten Tag hat und das an dir auslässt. Blöd, aber auch dem kann man begegnen, (siehe nächstes Kapitel), und ganz sicher braucht man deswegen nicht an sich selbst zu zweifeln! Diese alte

Denkmaschinerie hat wirklich ausgedient und gehört auf den kognitiven Schrottplatz!

Worum geht es in der Kritik tatsächlich?

Kritik an einer Sache ist eine wunderbare Erfindung, denn sie trägt dazu bei, dass wir Fehler ausmerzen, Dinge perfektionieren, uns weiterentwickeln. Du erkennst sie übrigens daran, dass sie sich mit Themen beschäftigt, statt mit deinen Eigenschaften und deiner Persönlichkeit. Vielleicht mit einem Produkt, das du hergestellt hast oder eine Handlung, die du vorgenommen hast. Ist die Kritik gut (und gut gemeint), wird sie Beispiele und Belege bringen. Sie ist keine Bedrohung, sondern eher eine Hilfe. Geht es offensichtlich allerdings darum, dass mir dir selbst etwas nicht stimmen soll, so ganz und gar grundsätzlich – dann ist Krallen ausfahren oder cooles Abwenden angesagt!

Und wenn du der Kritiker bist?

Selbstverständlich solltest du alle Regeln, die du in Bezug auf Kritik an dir selbst für angebracht hältst, im Umgang mit anderen Menschen auch anwenden!

Kritisiere stets in der besten Absicht. Kritisiere nur, wenn du darum gebeten wirst. Formuliere deine Kritik sachlich und konstruktiv und verwende Beispiele. Erspare deinem Gegenüber und dir selbst Schläge ins Kontor! Du könntest damit vielleicht einen Zwist scheinbar erfolgreich beenden, aber der Blick in den Spiegel wird dir Unbehagen verursachen, was deinem Selbstvertrauen keinen Gefallen tut. (Stichwort: Authentizität – Wenn du dich unfair verhältst, könnte es sein, dass du damit einen deiner Werte verletzt, etwa Integrität, Loyalität oder Gerechtigkeit.)

Und wenn es in einem Streit einmal heiß hergeht: Lass dich nicht von Gefühlen wie Angst, Wut oder anderen treiben, sondern nimm dir Zeit für eine Besinnung und reagiere erst, nachdem auch dein Verstand die Gelegenheit hatte, sich an der Auseinandersetzung zu beteiligen.

Streite fair. Dann kannst du auch mit bestem Gewissen selbst einen fairen Streitpartner erwarten und dich zu Recht von ihm abwenden, wenn er gegen die Regeln verstößt. An diesem Punkt haben wir allerdings die Arena der bloßen Kritik verlassen und einen ganz anderen Kampfplatz namens *Streitkultur* betreten, der heute nicht unser Thema sein soll.

Wie bei allem anderen ist auch in Sachen Kritik die Perspektive der Dreh- und Angelpunkt, an dem du dich orientieren kannst. Dann wirst du auf selbstsicherem Terrain bleiben oder, falls du dort noch nicht allzu oft warst, mit etwas Übung häufiger dorthin gelangen.

Nein heißt Nein!

Grenzen setzen und verteidigen

Beim Unvermögen, Nein zu sagen, kennst du dich bestens aus? Das ist nicht verwunderlich, fällt es doch Menschen, die eher unsicher sind und nicht über viel Selbstvertrauen verfügen, oft besonders schwer. Die Gründe dafür sind vielfältig: *Man traut sich einfach nicht. Man hat das Gefühl, es steht einem nicht zu. Man will nicht unangenehm auffallen. Man will nicht für einen Egoisten gehalten werden. Man will akzeptierter Teil der Gruppe sein und glaubt, man könnte Zuneigung und Akzeptanz dadurch verlieren. Man möchte niemandem weh tun. Man möchte Hilfe nicht abschlagen. Man möchte sich gebraucht fühlen.* All diese Gründe ergeben sich aus einem zu geringen Selbstwertgefühl! Sie lösen sich in Luft auf, sobald das Selbstvertrauen gestärkt wird. Vermutlich hast du es insgeheim schon erwartet: Etliche deiner Annahmen und Befürchtungen, die auf dein Nein folgen könnten, treffen niemals ein oder entsprechen nicht einmal in Ansätzen der Realität. Und diejenigen, die sich tatsächlich ergeben könnten, sind es absolut wert, denn Menschen, die ihre eigenen Grenzen berücksichtigen, erleben zahlreiche Vorteile:

- Zwischen der Fürsorge für Andere und der Selbstfürsorge behältst du eine gesunde Balance, die garantiert, dass du dich nicht über alle Maßen aufopferst und dies teuer mit deiner Gesundheit und deinem Wohlbefinden bezahlst.
- Du schützt dich vor allem, was „zu viel" ist: Reizüberflutung, Überforderung, Überlastung, Erschöpfung, Ausbrennen, Zusammenbruch.
- Du ringst den Leuten Respekt ab. Manchmal widerwillig, zugegeben, aber im Grunde werden Menschen, die selbstverständlich und souverän ihre eigenen Grenzen verteidigen, insgeheim häufig bewundert, zumindest jedoch respektiert. Es kann nach einer Verhaltensänderung eine Weile dauern, bis dein Umfeld sich mit deinem neuen Ich abgefunden hat und du wirst durchaus eine Zeit lang auf Widerstände und Abwehr stoßen, weil du als Der- oder Diejenige, der/die „immer allen alles recht gemacht hat", gern gesehen warst. Möglicherweise musst du erst einige Konflikte durchstehen, bis deine Forderungen akzeptiert werden. Aber in jedem Fall erhalten selbstsichere Menschen eher die Anerkennung ihres Umfelds als

solche, die sich ausnutzen und ausbeuten lassen.
- Dein Leben wird mit freiem Raum und freier Zeit gefüllt, die du nach deinen eigenen Vorstellungen gestalten kannst. Du wirst handlungsfähiger und kannst das Gefühl von Selbstwirksamkeit und Einfluss erleben. Du bist keine Marionette, an deren Fäden Andere ziehen: Du entscheidest und agierst selbst!
- Dein Selbstvertrauen wächst. Du bist mit dir selbst mehr und mehr im Reinen, was sich wiederum positiv auf deine Lebensbedingungen auswirkt. Du wirst stolzer, aufrechter, traust dir mehr zu, steckst deine Ziele höher, wagst auch mal was.

Das sind nur einige Auswirkungen, die das Einhalten eigener Grenzen verursacht. Wie verlockend klingen sie für dich?

Was sind Grenzübertritte überhaupt?

Sie können sich sehr unterschiedlich äußern, mal sind sie ganz deutlich erkennbar, mal subtil. Sie können harmloser Art sein oder auch tiefergehend. Sie können sich zu unzumutbaren

Katastrophen auswachsen, etwa, wenn körperliche, sexuelle oder psychische Gewalt im Spiel ist.

Ein paar Anmerkungen zu Gewalterfahrungen:

Bei massiven Grenzüberschreitungen brauchst du eventuell Hilfe von außen, um dich daraus zu befreien. Scheue dich nicht, diese Hilfe in Anspruch zu nehmen! Hol dir Unterstützung, auch, wenn du heftige Scham- und Schuldgefühle empfindest. Du hast das verdammte Recht auf ein Leben in Würde, Freiheit und Frieden und es gibt garantiert Menschen, die Wege aus deiner Hölle kennen, sie vielleicht sogar bereits selbst gegangen sind. Wenn du dich Verwandten oder Freunden nicht anvertrauen magst, stehen Therapeuten, Ärzte oder Menschen in Beratungsstellen zur Verfügung. An dieser Stelle kann ich keine explizite praktische Hilfe für Gewalterfahrungen leisten, möchte aber betroffenen LeserInnen das Gefühl geben, dass sie mit ihrer Verzweiflung gesehen werden und sie wissen lassen, dass es selbst aus der schlimmsten Lage einen Ausweg gibt, auch, wenn es kaum vorstellbar erscheint. Deshalb mein Appell: Du musst nicht allein damit bleiben! Bitte suche dir Unterstützung und lasse dir aus deiner Abwärtsspirale heraushelfen.

Zum Glück sind solche Extremfälle, wenn auch noch viel zu oft vorkommend und leider häufig tabuisiert, (was sich unbedingt ändern muss!), jedoch nicht die Norm: „Übliche" Grenzübertritte jenseits einer massiven Gewalt können uns unser Leben trotzdem auch ganz schön madig machen. Und wir kennen sie alle, erleben sie immer mal wieder, mehr oder minder schwerwiegend.

Mögliche Beispiele für Grenzüberschreitungen:

- Der Kollege nutzt deine Gutmütigkeit aus und überhäuft dich mit seiner Arbeit, damit er selbst pünktlich Feierabend machen kann, obwohl dein eigener Schreibtisch proppevoll ist und du dich eigentlich am Limit befindest.
- Deine Freundin steckt dir, dass du in deinem neuen Kleid unvorteilhaft aussiehst.
- Ein Fremder kommt dir an einem öffentlichen Ort zu nah, versehentlich im vollen Bus oder absichtlich durch Berührung, fehlenden Abstand, Worte.
- Jede Art von sexuell anzüglichen Aufdringlichkeiten.
- Jede Art von emotionaler Erpressung und Manipulation.

- Verbale Angriffe, die deine Würde verletzen.
- Dein Partner will jede Minute mit dir verbringen und nicht einsehen, dass du Zeit für dich brauchst. Oder er kontrolliert jede Minute deines Lebens, die Menschen, mit denen du dich umgibst und die Orte, an denen du dich aufhältst.
- Im Bewerbungsgespräch wirst du nach Schwangerschaft, Parteizugehörigkeit oder sehr persönlichen Dingen gefragt, die mit deiner Arbeit nichts zu tun haben.
- Eine Verkäuferin drängt dir eine Ware auf, die du eigentlich nicht kaufen willst.

Dies sind nur einige Beispiele. Es gibt ausgesprochen viele Möglichkeiten für Grenzüberschreitungen und wir selbst müssen individuell festlegen, welchen Rahmen wir hierfür abstecken. Was ein Mensch als Grenzüberschreitung empfindet, kann einen anderen kaltlassen. Die Definitionen sind vielfältig und individuell.

Im Grunde sind Grenzübertritte auch kein Problem, WENN wir über ein gesundes Selbstvertrauen verfügen, können wir sie problemlos parieren! Tun wir das aber nicht, fällt uns nicht nur die Gegenwehr schwer – wir erkennen zuweilen nicht einmal rechtzeitig, dass eine unserer Grenzen überschritten wurde! Das ist oft ein Problem: Wie oft fällt uns erst hinterher auf, dass eine bestimmte Situation uns massiv unter Druck gesetzt hat? Es sucht uns mindestens ebenso häufig heim wie die berühmte schlagfertige Antwort, die erst *nach* dem Gespräch in unserem Hirn auftaucht!

Wie bewahre ich meine Grenzen?

Es gibt vier Schritte, die nötig sind, um deine eigenen Grenzen zu verteidigen. Wann immer sie drohen, musst du sie erneut gehen, schön der Reihenfolge nach!

1. Grenzen kennen und erkennen

Zunächst musst du für dich erstmal genau definieren, was ein Grenzübertritt überhaupt ist und wann er begangen wird. Ist eine bestimmte Situation für dich noch okay oder nicht mehr? Wird die dir nötige Distanz gewahrt oder überschritten? Finden Übergriffe statt und welcher Art sind sie? Was empfindest du dabei und was genau ist nicht okay? Wie gesagt, Grenzen sind sehr persönlich: Was für den Einen noch geht, ist dem Anderen schon ziemlich unangenehm. Deshalb gibt es auch kein Richtig oder Falsch, sondern nur ein Passtfür-mich oder Überschreitet-meine-Akzeptanz. Logisch ist, dass du deine Grenzen nur verteidigen kannst, wenn du sie zuvor abgesteckt hast und dadurch deutlich und rechtzeitig erkennen kannst, wenn eine Grenzverletzung stattfindet. Die Grenzziehung sollte nicht erst im Eifer des Gefechts erfolgen, sondern schon viel früher in einer ruhigen Minute. Du könntest zum Beispiel diverse Situationen in der Vergangenheit durchdenken und überprüfen, wo deine Grenzen liegen und was die Überschreitung dieser Grenzen mit dir gemacht hat. Nun bist du für den Ernstfall seelisch gewappnet und erkennst schnell, wenn eine Situation auftaucht, die ähnlich zu sein scheint oder ein ähnliches Gefühl in dir auslöst.

Du erkennst Grenzübertritte daran, dass sie klar spürbares Unbehagen in dir auslösen. Vielleicht kommen entsprechende Gedanken auf, vielleicht verspürst du eine unangenehme Empfindung, bestimmte Gefühle, die damit verbunden sind, wie Enge, Druck, Angst, Wut, den Wunsch, wegzulaufen oder dich in Luft aufzulösen. Vielleicht zeigen sich körperliche Symptome in Form von Beschwerden oder Schmerzen, Lähmung, Erstarrung, das Gefühl, es nicht fassen zu können, Fassungslosigkeit, Abscheu, Entsetzen. Die Anzeichen können, ebenso wie die Auslöser, ganz unterschiedlich sein und du solltest dir einmal Zeit nehmen, um auch sie zu notieren. Dann bist du künftig in jeder Situation vorbereitet und kannst rechtzeitig erkennen, was Sache ist.

2. Grenzen kommunizieren

Damit deine Mitmenschen überhaupt die Möglichkeit haben, deine Grenzen einzuhalten, (ob sie es tun wollen und können, ist eine andere Frage), musst du ihnen natürlich klarmachen, wo sie verlaufen. Hierbei hat sich eine unverschnörkelte Botschaft in klaren Worten bewährt: Sage deutlich und unmissverständlich, wo deine Grenzen sind! Verzichte auf Andeutungen, Zweideutigkeiten, Signale von Bedauern oder Reue, Ausflüchte und Ausreden. Auch Humor ist hier keine passende Strategie. Dein Gegenüber wird übrigens genau spüren, wenn du dir selbst über deine Grenzen unsicher bist, und dies gnadenlos ausreizen.

Ein paar Beispiele für deutliche Worte, um eine Grenze unverkennbar zu markieren:

- Ich besuche am Wochenende grundsätzlich keine Konferenzen, diese Zeit gehört meiner Familie.

- Ich entscheide selbst, welche Farbe mir steht.
- Ich mag es nicht, wenn man mich vertraulich am Arm berührt.
- Respektieren Sie bitte den Abstand zwischen uns.
- Dazu gebe ich keine Auskunft.
- Ich leiste die im Arbeitsvertrag vereinbaren Arbeitszeiten gern und widme ihnen all meine Sorgfalt und Leistungsfähigkeit, darüber hinaus kommen unbezahlte Überstunden für mich nicht infrage.
- Oma, du kannst mich gern mit Anmeldung besuchen, aber wenn du dreimal in der Woche plötzlich vor meiner Tür stehst, dann habe ich keine Zeit, mich um dich zu kümmern und komme in Not mit meiner eigenen Planung. Können wir eine andere Lösung finden?

Du weißt, was gemeint ist? Je klarer du deine Botschaft formulierst, umso wahrscheinlicher ist es, dass dein Gegenüber dich versteht.

Dieser Schritt ist nicht ganz einfach und erfordert jedes Mal aufs Neue Überwindung. Aber mit jedem Üben wird es ein bisschen leichter und irgendwann wird es dir so selbstverständlich vorkommen, Grenzen zu ziehen, dass auch in deinem Umfeld niemand mehr diese Fähigkeit infrage stellen wird.

3. Grenzen durchsetzen

Hier passt der Spruch: „Mühsam ernährt sich das Eichhörnchen". Du wirst deine Grenzen wieder und wieder durchsetzen müssen, indem du auf ihre Einhaltung bestehst. Manche Menschen begreifen es nicht oder wollen nicht danach handeln. Manche Situationen führen uns immer wieder aufs Glatteis. Es ist mühsam und anstrengend und muss unzählige Male wiederholt werden. Du musst das, was du angekündigt hast, nun auch durchsetzen und natürlich die Konsequenzen dafür in Kauf nehmen. Im Klartext heißt das:

- Lass dich nicht zu den Überstunden, die du vollmundig abgelehnt hast, nachher doch noch überreden. Auch nicht dann, wenn dir mit Kündigung und einem schlechten Arbeitszeugnis gedroht wird.
- Lass dir nicht das blaue Kleid aufschwatzen, wenn du das grüne lieber magst.
- Geh einen Schritt beiseite, wenn dir jemand zu nah kommt und verhindere

durch Gestik und Worte, dass der Abstand zwischen euch erneut verringert wird.
- Lass Oma, wenn sie wieder einmal ohne Absprache vor der Tür steht, nicht rein und serviere nur dann Kaffee und Kuchen, wenn sie sich an eure gemeinsam besprochenen Regeln hält.
- Lass dir keine Informationen entlocken, die du für dich behalten wolltest. Auch nicht durch fantasiereiche Provokationen.

Und so weiter ... Kennst du deine klassischen persönlichen Fallen? Manipulatoren können einfallsreich sein und sie arbeiten nicht nur mit Kritik, Bedrohung oder dem Schüren von Ängsten, sondern auch mit Lob, Schmeicheleien und Versprechungen. Entlarve sie, umrunde sie, bleib nicht mit dem Fuß in ihnen hängen! Bleib vielmehr gedanklich bei dem, was du für dich festgelegt hast und werde nicht müde, es zu verteidigen. Lass dein Gegenüber die Konsequenzen spüren, wenn es deine Grenzen verletzt. Akzeptiere auch selbst die Folgen, die durch das Aufrechterhalten deiner Grenzen womöglich entstehen. Dadurch zeigst du, dass du deine Grenzen selbst als wichtig einschätzt und dein Umfeld hat keine Wahl mehr, als sie anzunehmen.

Es wird durchaus auch Situationen geben, in denen du deine eigenen Grenzen neu definierst oder Kompromisse eingehst – das ist natürlich möglich, manchmal sehr sinnvoll und vollkommen akzeptabel! Sich zu entwickeln und immer neu an gegebene Lagen anzupassen ist kein Wankelmut, sondern ebenfalls eine wertvolle Fähigkeit, die im Alltag genutzt werden sollte. Aber wann ist es richtig, einzulenken und wann sollte man auf seine Grenze beharren? Eine gute Orientierung geben dir auch hier wieder deine Werte: Falls dagegen massiv verstoßen wird, solltest du dich in der Ziehung deiner Grenzen eher unnachgiebig zeigen. In anderen Fällen kannst du auch einen Schritt auf dein Gegenüber zugehen und deine – hoffentlich nicht *zu* starren – Grenzen überdenken. Sie ergeben dann den meisten Sinn, wenn sie in Bewegung bleiben und sich deiner Persönlichkeit und deinen Lebensumständen in idealer Weise anpassen.

4. Üben, üben, üben!

Wie alles, worin du zur „Perfektion" gelangen willst, braucht auch diese Fähigkeit viel Übung. Aber keine Sorge, dafür wird es dir an Gelegenheiten niemals mangeln: Die Situationen und die Menschen in deinem Leben, die eine

Grenzziehung erfordern, werden dir gewiss nicht ausgehen!

Ein kleiner Hinweis noch: Wenn du eine Grenze kommunizierst, ihre Einhaltung dann aber nicht durchsetzt, läufst du Gefahr, nicht mehr ernstgenommen zu werden. Drohungen, die ins Leere laufen, sind Demonstrationen faktisch nicht vorhandener Macht und vor allem von Unsicherheit. Das kennen alle Eltern und Lehrer, die den Kindern Folgen für eine Tat prophezeien, welche niemals zur Erfüllung gelangen. Solche Aktionen lassen uns schwach und inkompetent erscheinen und dein Ziel, den Gestaltungsspielraum für dein Leben möglichst ausgiebig zu erweitern, rückt damit in weite Ferne. Vor allem in beruflicher Hinsicht kann dies dir ziemlich viel von dem, was du dir aufgebaut hast, kaputtmachen. Im Zweifel lieber eine Grenze weiter stecken (und alles nochmal überdenken), als einen Grenzzaun zu kommunizieren, dann aber auf Angriffe nicht zu reagieren.

Wenn du die Schritte so gehst, wie sie vorgesehen sind, werden die Erfahrungen, die du dabei machst, dich stärken und dein Selbstwertgefühl steigern. Du bist es dir wert, für dich einzustehen und du zeigst dies nicht nur nach außen, sondern vor allem dir selbst! Das wird sogar deinen inneren Kritiker wirklich beeindrucken!

Booster für dein Selbstvertrauen:

Hilfreiche Übungen und Tipps

In diesem letzten Kapitel nun finden sich – zusammenfassend und Schlüsse aus dem Erläuterten ziehend – für den Alltag nützliche und praktisch umsetzbare Aufgaben, die sich aus den vorhergehenden Texten ergeben. Es ist sozusagen die Quintessenz des Büchleins und stellt nicht nur ein Fazit dar, sondern soll dir auch etwas an die Hand geben, mit dem du dein Fühlen, Denken und Handeln leicht und wirksam beeinflusse kannst.

Du wirst an dieser Stelle vielleicht sagen: „Och, hab ich alles schon mal gehört oder gelesen", aber manchmal ist es trotzdem hilfreich, wenn wir das, was wir schon wissen, noch mal als geballten Impuls zur Verfügung gestellt bekommen und vor allem, wenn wir den Schritt von der Theorie in die Praxis auch wagen und die Dinge tatsächlich umsetzen. Dieses letzte Kapitel ist eine bunte Sammlung, ein Potpourri aus verschiedensten Ideen, die an diversen Gesichtspunkten der Frage rund um das Selbst und den Umgang damit anknüpfen. Entscheide selbst, was aus dem Angebot für dich das Richtige ist oder ergänze es bei Bedarf um eigene Vorschläge.

- Du hast dieses Buch aufmerksam gelesen und vielleicht Einiges erfahren, das interessant für dich war. Hast du auch die Übungen gemacht? Dein Notizbuch gefüllt? Nein? Nun, denn … Leg los! Im für mich schönsten Fall hätte die Lektüre sogar deine Fantasie geweckt, sodass du eigene Ideen entdecken würdest, die unser imaginiertes Gespräch fortsetzen und weiterführen!
- Achte auf deine Körpersprache. Es leuchtet ein, dass ein geducktes, gebeugtes Geschöpf mit hochgezogenen Schultern und gesenktem Köpf nicht allzu selbstsicher wirkt, eine aufrechte Haltung, ein offener Blick und ein stabiler Gang hingegen Selbstvertrauen transportieren. Die wenigsten Menschen achten bewusst auf ihre Körpersprache, obwohl diese einen solch großen Einfluss auf unsere Wirkung hat! Schmökere gern mal in einem entsprechenden Buch oder im Internet und erfahre die Feinheiten unserer nonverbalen Signale, die dir eine ganz neue Ausstrahlung verleihen könnten.

Für heute erinnere ich dich an die <u>Siegerpose:</u> Wenn du sie für wenige Minuten, etwa vor einer heiklen Situation heimlich

auf dem Klo, einnimmst, steigt (laut Studien) dein Selbstvertrauen: Stelle dich aufrecht hin, die Beine etwas gespreizt, den Rücken gerade, den Kopf erhoben. Stemme die Hände in die Seiten, achte auf gerade Schultern, recke das Kinn: Stell dir vor, du bist ein Gewinner und willst dies der Welt zeigen! Du kannst auch die Arme in stillem Jubel nach oben ziehen und die Fäuste dabei ballen! Vergiss das breite Grinsen auf deinem Gesicht nicht! Deine Muskeln werden an dein Hirn weiterleiten, was sie deutlich wahrnehmen: Du bist jemand, mit dem zu rechnen ist! Du solltest die Pose mindestens für zwei Minuten halten, damit sie wirken kann.
- Stets von Vorteil ist es außerdem, wenn deine Gestik und Mimik sich mit deiner inneren Einstellung in Einklang befinden, denn Menschen nehmen unbewusst Mikroregungen wahr, die wir willentlich nicht beeinflussen können. Entstehen Diskrepanzen zwischen Gesagtem und durch den Körper Gezeigtes, wirken wir nicht sehr glaubwürdig, was unser Selbstvertrauen mindert. Wir trauen uns am Ende selbst nicht mehr über den Weg! Diesen Aspekt kannst du ideal berücksichtigen,

wenn du in deinem Handeln UND Reden deinen Werten treu bleibst.
- Achte auf deine Atmung (tief in den Bauch) und deine Art zu sprechen (langsam, bedacht, ruhig). Genau wie die Körpersprache wirken diese Vorgänge auf unsere Erscheinung zurück und umgekehrt lässt uns ein tiefes In-sich-Ruhen ruhiger und tiefer atmen und unsere Stimme in seiner natürlichen Frequenz ertönen. Es ist schon lange bekannt, dass wir unsere Gefühle über den Körper beeinflussen und verändern können, etwa, indem wir durch ein künstliches Lächeln gute Laune erzeugen. Das klappt ebenso gut mit Atmung und Sprache. Eine angenehme, wohlklingende Sprechstimme kannst du übrigens auch üben, indem du häufig vorliest oder dich an kleine Vorträge wagst. Vielleicht über deine Lieblingsthemen? Zudem wirkst du gelassener und souveräner, wenn du es gewohnt bist, dich selbst sprechen zu hören. Versuche es gern einmal, es verursacht nur am Anfang ein merkwürdiges Gefühl. Mit zunehmender Erfahrung gibt sich das.
- Verdränge deine Gefühle nicht, egal, welche es sind. Das gilt nicht nur für Angst

und Mut, mit denen wir uns näher beschäftigt haben, sondern für alle Emotionen! Erkenne sie an und lasse sie zu, verzichte aber darauf, dich allzu tief in ihnen zu verlieren. Beides ist für dich nicht gut! Spüre in dich hinein, um festzustellen, welche Gefühle dich gerade ereilen, oft sind es sogar mehrere oder widersprüchliche, eine abenteuerliche Mischung, die entzerrt und sortiert werden will. (Hierbei hilft das schriftliche Festhalten hervorragend.) Und dann lass die Emotionen durch dich hindurchfließen und bleibe IM HANDELN. Gefühle zu haben ist überhaupt nicht schlimm. Gefühle zu haben und deswegen nicht aktiv zu werden aber schon.
- Nutze dein Wissen, indem du die Theorie auf die Praxis überträgst.
- Nutze deine Fantasie, beispielsweise in der Art, wie ich es dir in diesem Büchlein vorgestellt habe. Oder ganz anders! Dafür es ist ja Fantasie – weil sie unbekannte Wege sucht!
- Tue Gutes. Ob Höflichkeit, praktische Unterstützung, ein Ehrenamt – Inzwischen konnte wohl belegt werden, dass es das eigene Selbstbewusstsein steigert (und

darüber hinaus glücklich und gesund macht), wenn man anderen Menschen hilft. Da spricht natürlich rein gar nichts dagegen, weil es auch die Welt ein bisschen besser macht, was uns allen zugutekommt.

Inhaltlich wählen kannst du natürlich selbst: Ob du dich für den Klimaschutz oder Minderheiten oder Tiere oder was auch immer engagierst, deiner Nachbarin die schwere Tasche die Treppe hochträgst oder deiner liebeskummergeplagten Freundin stundenlang zuhörst – tue, was dir liegt und wobei du dich gut fühlst! Pass aber immer auf, dass du dich dafür nicht übernimmst! Die Balance zwischen Fremd- und Selbstfürsorge – du weißt schon!

- Finde heraus, wer du bist und lebe danach. Was entspricht deiner Persönlichkeit? Wozu bist du hier? Was ist deine große Aufgabe?

Vielleicht bist du ein helfender Engel mit großem Herzen, jemand, der gespaltene Gruppen zusammenführt, ein Friedensbringer? Vielleicht bist du aber auch ein Rebell mit klugem Kopf, jemand, der Finger in Wunden legt und unangenehme

Dinge ausspricht, damit Dinge sich ändern können? Vielleicht bist du ein Geschichtenerzähler, Künstler, Heiler, Handwerker, pragmatischer Alltagsheld, Handwerker, Zuhörer, Anführer und Antreiber! Vielleicht bist du ein König, eine Königin mit oder ohne Reich, oder ein treu ergebener Diener mit prall gefüllter Schatztruhe unter dem Bett? Finde deine Bestimmung und richte dein Leben nach ihr aus – dann werden Selbstzweifel kaum jemals wieder eine Chance bei dir haben! Nicht sorgt für eine solch tiefe innere Gelassenheit wie seine Berufung gefunden zu haben und zu leben!

- *Selbstliebe ist nicht arrogant, überheblich oder peinlich. Sie ist existenziell.* Schreib dir das gern an den Spiegel! Leg es dir als Zettel auf den Nachttisch! Tätowiere es dir auf den Unterarm! Du tust der Welt einen großen Gefallen, wenn du dich um dich selbst kümmerst, denn erst, wenn DEINE Bedürfnisse erfüllt sind, steht dir genug Energie zur Verfügung, um dich auch um andere Menschen kümmern zu können.
- Tue Dinge langsam und bewusst. Selbstbewusstsein hast du dann, wenn du *dir deiner selbst bewusst bist* in der Welt! Erlebe

das Leben mit allen Sinnen und nimm wahr, was in dir und um dich herum ist. Das ist die beste und überzeugendste Art, um sich eine Spur ins Leben zu graben.
- Verwirkliche deine Ziele und triff mutig Entscheidungen, auch, wenn sie falsch sein könnten. Die schlimmste Entscheidung ist die, die nicht getroffen wird, denn dann entscheiden Andere für dich! Scheue keine Erfahrungen, auch, wenn sie schmerzhaft sein können. Lass die gesamte Klaviatur des Daseins erklingen, denn jeder Ton hat seine Daseinsberechtigung! Mache Fehler. Falle und steh wieder auf. Leben ist, was uns zustößt! Mach das für dich Bestmögliche daraus und sorge dafür, dass du am Ende nichts zu bereuen hast, weil du Dinge nicht wagtest oder an deiner Bestimmung vorbei existiert hast. Oder mit anderen Dingen beschäftigt warst, weil du nicht Nein sagen konntest!
- Lästere nicht. Nicht über dich selbst und nicht über Andere. Das weckt in jedem Fall Unmut, der auf deiner Seele lastet.
- Gönne dir genug Zeit und Ruhe, um all die Fragen, die zum Beispiel ich dir in diesem Büchlein gestellt habe, überhaupt beantworten zu können. Reflexion ist ohne freie

Zeit und einen freien Kopf nicht möglich und ohne Reflexion leben wir blind und taub. Uns selbst kennenzulernen ist eine Reise und reisen kostet, wie du weißt, Zeit. Je mehr du davon zur Verfügung stellst, umso weiter wirst du kommen.
- Überwinde gelegentlich deine Komfortzone. Stelle dir kleine „Wettbewerben" und Aufgaben, mit denen du Schritt für Schritt Neues und Ungewohntes wagst: *Morgen sage ich der Kassiererin im Supermarkt meine Meinung. Nächste Woche wage ich das bei meiner aufdringlichen Bekannten, der ich manchmal auf der Straße begegne, vor der ich mich aber ziemlich fürchte, weil sie immer so direkt und angriffslustig wirkt. Und wenn ich das geschafft habe, ist meine Tante Ruth dran, die mich schon immer einschüchternde Endgegnerin! (Oder mein rechthaberischer Gatte. Mein dominanter Vater. Mein eigensinniger Großkunde. Mein Arbeitgeber, der seinen Forderungen mit einer Kündigungsdrohung Nachdruck verleiht…)* Taste dich heran, wie eine Person mit Spinnenphobie, die im Rahmen ihrer Therapie zunächst ein Bild von einer Spinne sieht, um sich daran zu gewöhnen, und ihren Kontakt zum Tier stufenweise

steigert, bis sie das dicke, haarige Geschöpf auf der Hand sitzen hat, ohne durchzudrehen. Belohne dich für Erreichtes und verliere nicht den Spaß an der Sache.
- Sei kreativ tätig. Du sorgst damit nicht nur für Erholung und Entspannung, sondern du erschaffst auch etwas, das dich stolz machen kann. Und du lernst dich selbst besser kennen, hast Wege zur Verfügung, um dich mitzuteilen und auszudrücken, die Welt mit deinem Stempel zu versehen. Negative Aspekte? Keine! Was genau dir liegt, musst du natürlich selbst herausfinden, aber zum Glück sind die Möglichkeiten unerschöpflich!
- Finde deine Verbindung zu Natur und Schöpfung. Einerseits, heißt es oft, kann man sich beim Anblick des nächtlichen Sternenhimmels oder der Sandkörner in der Wüste ganz schön winzig und unbedeutend fühlen! Andererseits ist man aber ja auch unzweifelhaft wirklich ein Teil dieses großen Ganzen, wie klein auch immer! Ist das nicht ein Grund, sich behütet und angenommen zu fühlen und einfach mal zu glauben, dass man so, wie man ist, vom Leben gewünscht wurde? Schließlich hat

die Schöpfung den Sternenhimmel und die Sandkörner ja auch genau so gemacht, wie sie sind und nicht anders!
- Führe Tagebuch. Nicht nur in deinem Notizheft, sondern weit darüber hinaus! Lerne, zu reflektieren, dich auszudrücken, Schlüsse zu ziehen und unterschiedliche Perspektiven einzunehmen. Schenke dir ME-Time! Ein Tagebuch erzwingt eine Beschäftigung mit dir selbst und deinem Leben ganz in Ruhe, aber auf eine ziemlich schöne und angenehme Weise!
- Lobe dich, wann immer du kannst. Tröste dich, wenn es nötig ist. Führe positive, aufbauende und liebevolle Selbstgespräche. Es wird sich eine Zeit lang seltsam anfühlen, aber du wirst dich daran gewöhnen! Und diesen wertschätzenden Umgang mit dir selbst nicht mehr missen wollen!
- Finde den für dich passenden Raum im Spannungsfeld zwischen den Ansprüchen, Forderungen und Erwartungen deiner Mitmenschen und deinen eigenen. Überbewerte fremde Glaubenssätze nicht mehr, sondern stelle ihnen deine eigene Meinung gegenüber. Bewahre dir immer die Freiheit, zu wählen.

- Pflege einen gesunden Lebensstil mit vernünftiger Ernährung, ausreichend Schlaf, moderater Bewegung und einer Ausrichtung an zyklischen Phasen zwischen Leistung und Erholung. Stelle diesen Lebensstil auch nicht in Ausnahmesituationen infrage, denn diese werden allzu schnell zur neuen Regel!
- Richte dein Leben nach deinen Werten und deinem moralischen inneren Kompass aus. Schaffe Sinn!
- Teile deine Erfahrungen, pflege gute und innige Beziehungen, sorge für Austausch und Fluss.
- Mute dich der Welt zu! Sei sichtbar in all deiner Schönheit und mit all deinen Makeln! Wie jeder Mensch hast auch du das Recht, deinen Platz in der Welt genau so einzunehmen, wie du bist!
- Bleibe nicht in der Vergangenheit gefangen und lass dich nicht von einer noch ungeschriebenen Zukunft blenden. Alles, was du hast, um zu handeln, ist der gegenwärtige Augenblick. Das Leben ist ein Strom von Augenblicken und allzu schnell vorbei. Sammle die Augenblicke, die gut sind und bewahre sie in deinem Herzen.

- Söhne dich mit deinem Körper aus. Er ist nicht schön oder hässlich, nicht funktionierend oder kaputt – er ist ein Signalgeber dafür, wenn etwas in deinem Leben nicht stimmt und er ist ein grandioses Wunderwerk, allen Gründen zur Klage zum Trotz! Schau, welche Leistung er erbringt und unter welchen Umständen er das manchmal tut – und dann gönne ihm die Liebe, die er wahrlich verdient hat!
- Kommuniziere klar und deutlich. Manipuliere nicht, druckse nicht herum, verschleiere nicht, was du wirklich sagen willst, verfalle nicht in passiv-aggressives Bocken oder ähnliche dubiose Maßnahmen mit unberechenbarer Wirkung. Dein Umfeld wird deine Klarheit als sehr erfrischend und erleichternd empfinden, (wenn es den ersten Schock darüber verdaut hat), und für dich selbst ist es der beste Weg, zu erreichen, was dir vorschwebt. Nur wer klar spricht, kann auch gehört und verstanden werden. Bemühe dich darum, dass deine Botschaft beim Empfänger so ankommt, wie du sie gemeint hast.

Frage nach, wenn du selbst etwas nicht verstehst. Viele Missverständnisse und damit viele Konflikte könnte vermieden werden, wenn Menschen sich treffender ausdrücken und dafür Sorge tragen würden, dass ihre Botschaft auch so ankommt, wie es beabsichtigt war! Und für dein Selbstvertrauen ist eine gelungene Kommunikation jedes Mal eine Wohltat, denn erfolgreich kommunizieren zu können, ist auch eine Fähigkeit, über die durchaus nicht jeder verfügt.

- Behalte deine Neugier und Offenheit. Lerne dazu. Bilde dich weiter in allen Themen, die dich interessieren. Erweitere deine Erfahrungen, lege dir neues Wissen zu, bleib auf dem Laufenden über das, was um dich herum und in der Welt passiert. Schenke deinem regen Geist Nahrung. Lies Bücher! LIES BÜCHER!
- Koste das Leben aus. Man weiß es nicht mit Sicherheit, aber sehr wahrscheinlich hast du nur dieses eine. Und es wäre doch wirklich jammerschade, wenn du es mit Selbstzweifeln und Selbsthass verschwendest, statt Wege zu entdecken, Wünsche zu verwirklichen und bedeutsame Bindungen auszuleben, oder?

Liebe Leserin, lieber Leser,

ich danke dir herzlich, dass du Zeit mit meinen
Worten verbracht hat und hoffe,
das Büchlein hat dir gefallen und geholfen.

Wenn du eine Anmerkung, Rückmeldung
oder Kritik hast, würde ich mich sehr
über eine E-Mail freuen:

<u>info@lindner-katharina.de</u>

AutorInnen freuen sich auch immer sehr
über Rezensionen oder Empfehlungen
in den öffentlichen Netzwerken.

Leider bleiben Bücher ohne diese unsichtbar
und gehen den Leserinnen und Lesern verloren.
Sie brauchen Stimmen, die sich zu ihnen äußern.
Vielleicht ist deine eine davon?

Ich danke dir von Herzen.

Deine Katharina Lindner

Besuche mich auch gern auf meiner

Autorenseite:

www.lindner-katharina.de

Oder begegne mir und meinen Themen auf meinem liebevoll geführten

Blog:

www.seelenheiter.de

Literatur, Kunst und Tipps, wie du ein erfülltes und glückliches Leben führen kannst.

All das findest du dort
in regelmäßigen Beiträgen.

Mach's gut!

Ich wünsche dir von ganzem Herzen alles Liebe und eine schöne Zeit mit vielen abenteuerlichen, spannenden und berührenden Büchern!
Vielleicht bis zur nächsten Lektüre?

Collagen, die deine Seele liebt
Ein Buch zum Selbstgestalten
Katharina Lindner

Ein Coaching-Bastelbuch, das dir zeigt, warum das Gestalten von Collagen dein Leben positiv beeinflussen kann und wie und womit du direkt loslegen kannst. Das Buch enthält einige Collagen als Beispiele und wird von dir mit Collagen gefüllt, die dich sehr ausgeglichen und fröhlich machen werden.

Hardcover, 208 Seiten
ISBN: 978-3740766832
Preis: 19,99 Euro

Überall im Handel und Internet erhältlich.

Kleiner Seelenschmaus
Rezepte für Entspannung und mehr Energie
Katharina Lindner

Ein kleines Büchlein voller Informationen, Übungen und Rezepte, die dir dabei helfen, dich zu entspannen, zur Ruhe zu kommen und wieder mehr Energie zu haben.
Das Buch ist liebevoll mit bunten Collagen der Autorin gestaltet.

Paperback, 128 Seiten
ISBN: 978-3-740762-19-3
Preis: 8,99 Euro

Überall im Handel und Internet erhältlich.

Die meisten Likes
Katharina Lindner

Ein spannender Thriller über die Abgründe der menschlichen Sensationsgier und das Ausleben von Monstrositäten in der öffentlichen Welt des Internets.

Paperback, 372 Seiten
ISBN: 978-3-740765-26-2
12,99 Euro

Überall im Handel und Internet erhältlich.